Robert Kynast

Die temporalen Adverbialsätze bei Hartman von Aue

Robert Kynast

Die temporalen Adverbialsätze bei Hartman von Aue

ISBN/EAN: 9783744737920

Hergestellt in Europa, USA, Kanada, Australien, Japan

Cover: Foto ©Paul-Georg Meister /pixelio.de

Weitere Bücher finden Sie auf **www.hansebooks.com**

Die temporalen Adverbialsätze bei Hartman von Aue.

Philologische
Inaugural-Dissertation,

welche mit Genemigung

der philosophischen Facultät

zu Breslau

behufs Erlangung der Doctorwürde

Mittwoch den 22. Dezember, Mittags 11½ Uhr

in der kleinen Aula

öffentlich verteidigen wird

Robert Kynast

aus Breslau.

Opponenten:

Heinrich Seydel, Dr. phil.
Friedrich Ripke, cand. phil.
Philipp Kringel, Oberlandesgerichts-Referendar.

BRESLAU.
E. Gutsmann's Buchdruckerei.
1880.

Thesen.

1) Die vermutete Reihenfolge der Hartmanschen Schriften: 'Erec, Gregor, armer Heinrich, Iwein' wird durch das Ergebnis der Untersuchungen über den Gebrauch der temporalen Sätze in denselben bestätigt.
2) In dem nachgestellten Hauptsatz temporaler Sätze tritt bei Hartman, wenn nicht besondere Gründe vorliegen, die Inversion nicht ein.
3) Krone 347 ff. ist zu lesen: Wie gar eins saelegen kindes clage Artûs vuorte u. s. w. für: Wie gar ein saelege kindes clage u. s. w.
4) Krone 618—632 sind zu einer Periode zu vereinigen und zu lesen: Als nu dise vürsten alle Mit michelme schalle Zer hôhgezîte kâmen.., Nu was der hof joie ganz.
5) Mit Unrecht behauptet Descartes im Anfange seiner Schrift 'über die Methode': Der gesunde Verstand ist die bestverteilte Sache der Welt.
6) Es ist wünschenswert, dass die Schüler der obersten Klassen der höheren Lehranstalten bei dem Unterricht in der Geschichte mit der Verfassung des Reiches und des engeren Vaterlandes bekant gemacht werden.

Unter Adverbialsätzen werden in der Grammatik untergeordnete Sätze verstanden, deren Beziehung zum Hauptsatze dem Verhältnis entspricht, in welchem die adverbialen Bestimmungen erweiterter Sätze zum Prädikat derselben stehen. In gleicher Weise wie diese adverbialen Bestimmungen sich ihrem Wesen nach in locale, temporale, qualitative und modale unterscheiden, ordnen sich demnach auch die Adverbialsätze in locale, temporale, comparative und causative. Vgl. C. Heyse, ausführliches Lehrbuch der deutschen Sprache. Hannover 1849. II, p. 633. 649 ff.

Im Folgenden wird uns die eine Gattung der deutschen Adverbialsätze beschäftigen, die temporalen, und im Besonderen ihr Vorkommen in den Dichtungen Hartmans von Aue.

Um einen Vergleich zu ermöglichen, mögen, bevor wir uns zu dem Hartmanschen Gebrauch selbst wenden, einige Angaben über das Vorkommen von dergleichen Sätzen in anderen Denkmälern der älteren Zeit vorausgeschickt werden. In dem Evangelienbuche Otfrieds finden wir die temporalen Sätze bereits auf einer Entwicklungsstufe, die nicht um vieles hinter der zurücksteht, welche sie in der mhd. Zeit einnemen. Sie werden sämtlich durch Conjunktionen eingeleitet. Wir finden verwant: sô, verstärkt: sô êrist, sô sliumo, sâr sô, sârio thia uuîla sô. sâr. thô. thanne. sîd. unz. êr (vgl. O. Erdmann, Untersuchungen üb. d. Syntax d. Spr. Otfrieds. Halle 1874. § 203—211). Ferner nû. sô uuanne sô und in thiu (s. Joh. Kelle, Formen- und Lautlehre Otfrieds. Regensburg 1869. p. 404. 405. 428).

In der mhd. Zeit komt danne nicht mehr als temporale Conjunktion vor, auch sâr wird nicht mehr zur Einleitung untergeordneter Sätze verwant, und sô sliumo, sô êrist und sâr sô haben anderen von sô eingegangenen Verbindungen weichen müssen.

Es erscheinen in den Marienliedern Wernhers von temporalen Conjunktionen: dô. nû. sô. alsô. swenne, swenne sô. sît. unze. ê, ê daz. bedaz. die wîle,'die w. daz.
Im Annoliede nur dô. sô. alsô. unz.
In der Eneide des Heinrich von Veldeke treten auf: dô. nû. sô. alsô (als schiere sô, als schiere alsô). swenne. sît sît daz..unz, unz daz, die wîle unz. ê (êr md.), ê danne. die wîle, die wîle daz, al die wîle daz, die wîle und.
Der Parzival Wolframs zeigt dô. nû (730, 14). sô. zehant sô. als. swie schiere. swenne. sît, sît daz, sît dô. unz, unz daz. ê, ê daz. die wîle, al die wîle, die wîle daz. innen des.
Gottfried von Strassburg im Tristan gebraucht: nû, nû daz. dô. sô, iesâ sô. als (al zehant daz). swenne. sît, sît daz. unz, unz daz. biz, biz daz. ê, ê danne, einmal ê daz (259, 23). die wîle, al die wîle, die wîle und, die wîle daz. wie dô (183, 26).
Walther von der Vogelweide verwendet: dô. nû (119, 37). sô, alsô. swenne. sît, sît daz. unz. ê, ê daz (76, 18), ê danne (76, 8). die wîle, al die wîle.

Die Häufigkeit des Vorkommens der temporalen Adverbialsätze hängt zum grossen Teil von der Dichtungsgattung ab, der die einzelnen Literaturdenkmäler angehören, wie ein zwischen den Epen und den Liedern und Büchlein Hartmans in Bezug hierauf angestellter Vergleich lehrt. — Aber auch in gleichartigen Dichtungen zeigen sich häufig bedeutende Schwankungen in der Gebrauchsziffer der temporalen Sätze, die in der verschiedenen Darstellungsweise der einzelnen Dichter ihren Grund haben. Z. B. entfallen bei Heinrich von Veldeke auf je 1000 Verse seiner vornemlich einfache Erzählung enthaltenden Eneide etwa 45 Temporalsätze. Dagegen kommen im Tristan des Gottfried von Strassburg bei dessen eifrigem Streben nach dialektischer und psychologischer Begründung der geschilderten Ereignisse nur etwa 30 Sätze auf die gleiche Menge von Versen.

Im Parzival Wolframs, wo noch die Neigung zur Nebenordnung der Sätze von Einfluss ist, verringert sich die Zahl der Temporalsätze bis auf 27.

Die temporalen Adverbialsätze bei Hartman von Aue.

§ 1. Sätze mit der Conjunktion dô.

Dô ist die bei Hartman bei weitem häufigste temporale Conjunktion. Sie hat sich entwickelt aus dem demonstrativen Adverb dô, dem acc. fem. (nach Jak. Grimms Ansicht) des demonstrativen Pronomens.

Als temporales Adverb weist dô auf Vorgänge hin, welche dem Ereignis des Satzes, in dem es sich befindet, entweder gleichzeitig sind, vgl. Erec 66. 148. 243. 383. Greg. 62. 238. 383. Iwein 11. 54. 86. 135 u. ö., oder auch schon vor dem Eintritt desselben zur Vollendung gelangten, vgl. Erec 347. 451. 457. Greg. 19. 32. 598. Iwein 108. 136. 222 u. ö. Dabei geht der Satz, auf den sich dô bezieht, in der Regel voraus; selten folgt er nach. In diesem Falle ist er aber stets untergeordnet, so Erec 3648 si was frô Der ruowe der sî dô bekam Dô man ir diu ros benam, ferner v. 5282. 6324. 7804 (vgl. auch Iwein 7943), — und dô steht hier innerhalb des Satzes, sonst bald an der Spitze, bald innerhalb, s. die oben angeführten Beispiele.

Iwein 1731 dô begunde in dô an strîten und v. 6785 dô vâhten si in dô an begegnet doppeltes adverbiales dô. Jak. Grimm spricht in seiner Grammatik III, p. 278 in Bezug hierauf die Vermutung aus, dass das zweite dô den Sinn von 'aber' haben könne. Doch dem ist kaum beizustimmen im Hinblick auf arm. Heinr. 987 ff. dô im sîn gemahel dô bôt..., 990. dô wart dô michel ungemach, wo der Sinn der Stelle die Bedeutung von 'aber' für das zweite dô des Nachsatzes nicht zulässt. (Zu vergleichen ist auch Eneide des

Heinrich von Veldeke 239, 4 dô wart dô eine wîle Der storm vil harte unde grôz). Es empfiehlt sich vielmehr die Annahme einer zur Verstärkung dienenden Wiederholung des dô in gleichem temporalem Sinne, da das häufig zur Einführung der Hauptsätze temporaler Perioden verwante adverbiale dô am Anfang des Satzes einer Abschwächung seiner temporal-demonstrativen Kraft zu einem blossen Beziehungszeichen leicht ausgesetzt war. Einen weiteren Beleg für die temporale Bedeutung des zweiten dô gewährt Iwein 5625 dô begunde der tôt in den tagen Einen grâven beclagen, wo eine andere Zeitbestimmung dasselbe ersetzt, vgl. auch Erec 9701 nû begundes dô erscheinen, im Hauptsatz eines Satzes mit als.

Dem dô als Conjunktion begegnen wir bei Hartman zusammen an 437 Stellen, wovon auf Erec 85, auf Gregor 75, auf armen Heinrich 29, auf Iwein 134 und auf Lieder und Büchlein 14 kommen. Die geringe Zahl der Beispiele in den Liedern und Büchlein erklärt sich aus ihrem lyrisch-subjektiven Charakter. Der grosse Abstand hierin zwischen Erec und den übrigen epischen Dichtungen Hartmans ist dagegen der im Erec den Gebrauch von dô noch überwiegenden Verwendung des temporalen als Schuld zu geben (14 in je 1000 Versen). Er gleicht sich zum Teil aus, wenn man die Gebrauchszahlen für die Conjunktion als hinzurechnet (s. unten p. 31.); dann erhalten wir 23 Sätze mit als und dô für Erec, 24 für Gregor, 20 für den armen Heinrich und 18 für Iwein. Dass der Iwein so bedeutend hinter dem Erec und Gregor in der Anzahl der Belegstellen für dô und als zurückbleibt, beruht auf der entwickelteren Form der Darstellung in diesem letzten und vollendetsten Werke Hartmans, wo er am wenigsten auf die einfache erzählende Wiedergabe von Geschehenem sich beschränkt, sondern ein Hauptgewicht auf die dialektische und psychologische Behandlung des Stoffes legt.

Von Interesse ist der Vergleich einerseits mit der Eneide des Heinrich von Veldeke, wo die Sätze mit dô zwei Drittel sämtlicher Temporalsätze ausmachen und beinahe 30 auf je 1000 Verse entfallen, ausserdem noch je zwei mit als und je einer mit nû; andrerseits mit Gottfrieds von Strassburg Tristan auf den das oben über die Darstellungsweise im Iwoin Gesagte in verstärktem Masse Anwendung findet und der in je 1000 Versen nur 16 einfachere Temporalsätze aufweist.

Das demonstrative dô entwickelte sich zur Conjunktion, indem es ebenso wie das ihm stammverwante demonstrative Pronomen relativisch wurde. Es trat dem einen der beiden Sätze, welche bisher selbständig waren und nur vermittels des adverbialen dô im zweiten äusserlich in temporaler Beziehung stunden[1]) voran und ordnete ihn dem andern unter. In vielen Beispielen (angeführt sind dieselben auf pag. 7 bei den Zusätzen zu dô) zeigt sich dô bei Hartman in Beziehung auf eine vorangehende Zeitbestimmung recht deutlich als Relativum, es ist in diesen Fällen auch nicht eigentlich von einem Hauptsatz abhängig, sondern nur von jener Zeitbestimmung, deren genauere Ausführung der Satz mit dô übernimt.

Die Conjunktion dô ist ursprünglich eine rein temporale und verknüpft gleichzeitige Ereignisse oder Zustände im Sinne von 'als, da, während', und auf einander folgende im Sinne von 'als, nachdem, sobald'. Sie hat bei Hartman ihre rein temporale Bedeutung noch gewahrt, wenngleich wir durch unser neuhochdeutsches 'da' verleitet, leicht geneigt sind in den Fällen, wo die durch dô in Beziehung gesetzten Ereignisse ausser im temporalen Verhältnis der Gleichzeitigkeit oder Aufeinanderfolge auch noch in ursächlichem Zusammenhange stehen, dem dô eine causale Nebenbedeutung beizulegen, vgl. Erec 253. 4421. 5949. 8958. 9237. Greg. 733. 1057. 2052. 2726. 3165. 3317. Iwein 329. 1834. 2560. 4861. 5567. 6183. 6868. 7661. 8097. Von Wichtigkeit ist hier eine Stelle Gregor 1187: Grêgorjus, do er daz kint gesluoc, Dar umbe was er riwec genuoc, wo der Satz mit dô rein temporalen Sinn zeigt, während der Grund, der darin für das Eintreten

---

[1]) Beispiele derartiger coordinirter Sätze noch bei Hartman häufig vgl. Erec 910—11. 1150—52. 5293—95. Greg. 1986—90. 2884—87. 3483—84. Iwein 331—32. 731—34. 4386—88 u. a. m.

der im Hauptsatz geschilderten Stimmung enthalten ist, besonders an der Spitze desselben durch dar umbe hervorgehoben wird, vgl. des im Hauptsatz bei den Verben der Affekte: Iw. 7305 ff. dô (sî) die minne gesâhen. 7509 des wundert sî sêre und v. 7661 ff. dô sî sich alsus versprach Und unrehtes selbe jach, Des wart der künec Artus vrô. Die umgekehrte Erscheinung zeigen Iwein 5737 wan diu alter weste.... 5740 dô begunde sî vil tiure swern und 6005 wand er ir daz wol an sach... 6008 dô begunde ouch er ir heiles biten. Der Nebensatz mit wan hebt hier den causalen Zusammenhang der Ereignisse hervor, während der Hauptsatz durch dô die temporale Beziehung beider zum Ausdruck bringt.

Nur arm. Heinr. 1224 dô sî niht solte genesen, Do erbarmete in ir nôt, Iw. 328 ich unsaeliger man, Daz sî mîn ouge ie gesach, Dô uns ze scheidenne geschach, und wol auch Ld. p. 4, 6 dô sî den (wandel) entsaz, Sô meit sî mich ist das Eindringen causalen Nebensinnes in die Bedeutung von dô nicht abzuleugnen.

Bisweilen komt es auch vor, dass die durch dô verbundenen Ereignisse in concessivem Verhältnisse zu einander stehen, ebenfalls ohne Einfluss auf die Bedeutung der Conjunktion dô, welche auch hier nur die temporale Seite der Beziehung derselben hervorhebt, vgl. Büchl. I, 14 dô sî im des niht gunde Daz er ir waere undertân, 17 Doch versuochte erz zaller zît (Bech schreibt swie für dô), und Iwein 7781 dô hern Iweine wart gegebn Kraft unde gesundez lebn, Noch wâren im die sinne . . ze verhe wunt, ferner Erec 3679 (daz) er dem guoten knehte Sîn wîp wolde hân genomen Dô er in sîn laut was komen dâ ern befriden solte, und Erec 2954.

In eigentümlichem syntaktischem Verhältnis zum Hauptsatze treffen wir den Nebensatz mit dô in Erec 1731. 5980. 7020. Iwein 2250, wo er gewissermassen einem abstracten Substantivsatze gleichwertig ist, und zwar bildet er Erec 1731 dô ir varwe wandel nam, Von grôzer schame daz geschach. v. 5980 ouch was ez vil waenlîch, Dô ir mich einem künege rîch Gâbet ze wîbe, und Iwein 2250 dô sî alsô stille

sweic, Daz begund im starke swâren, mit seinem Inhalt das Subject des Hauptsatzes, und Erec 7020 mîn buoze wart ze kleine, Dô ich alters eine Iwer aller êre wolde hân vertritt der Satz mit dô den gen. der Schuld bei buoze ('des daz' war möglich anstatt des temporalen dô).
Greg. 1172 er ergreif ein saelige vart Do er dînem vater zuo quam, v. 3025 und als sî getâten Als sî vernomen hâten, Dô einer sîne rede gesprach Und der ander mite jach, v. 3497 die (missetât) er dâ vor an im begie Dô er in hoenlîche enpfie bringt der Nebensatz keine neue Tatsache vor, sondern schildert nur genauer die Art und Weise wie die Handlung des Hauptsatzes zur Ausführung gelangt, dô ist infolge dessen etwa gleichwertig einem 'indem, dadurch dass'.

Erec 5052 liest Haupt: swer hin ze hove kumt Dô ez im sô lützel frumt Als ez mir nû hie tuot, Dem waer dâ heime als guot, darnach würde hier dô mit hypothetisch-temporalem Sinne anzusetzen sein, was nach Massgabe des sonstigen Gebrauches der Conjunktion bei Hartman zu gewagt erscheint. Die Stelle ist, auch wegen anderer ausserdem aufsteigender Bedenken (s. u.), zu emendiren und für 'dô' am besten 'und' zu schreiben, Bech conjicirt daz.

Zusätze bei dô. Als charakteristisch für die relativische Funktion der Conjunktion dô wurde bereits oben der zahlreichen temporalen Zusätze gedacht, welche wir bei derselben im vorangehenden Hauptsatz finden.

Einesteils sind es demonstrative Temporalpartikeln: dannoch Erec 6138. Greg. 3504. Iw. 3865; dâ vor Erec 5158 (Bech lange dâ vor, Haupt lange vor). Greg. 3497 und 683 (nachgestellt); ê Erec 10122. Greg. 335 und (fast gleichlautend) Büchl. II, 117; enmitten arm. Heinr. 104 (vgl. iemitten unde Erec 6146). Hier sind auch nochmals zu erwähnen Erec 3648. 5282. 6324. 7804 mit demonstrativem dô im Hauptsatz.

Ferner erscheinen so temporale Substantiva in mannigfachen Verbindungen: er gelebte nie froelîchern tac danne den dô Er. 2889. des tages dô 5954. — unz an eine naht dô Greg. 183. eines tages dô 2141. ze der zît dô 2456. —

des âbents dô Iwein 787. in den selben tagen dô 4293. vür den tac dô 5080. dô ze der stunt do 7943. — manegen tac do Büchl. I, 1163 des tages do II, 628. den tac do Ld. 18,5. Greg. 1908 morgen, do ez begunde tagen, Iwein 2076 morgen, dô ez tagte und 5867 morgen, dô ez was ertagt und 6587 morgen, dô ez tac wart findet eine derartige relativische Beziehung nicht statt, sondern hier sind zwei einander syntaktisch gleichstehende Zeitbestimmungen zusammengestellt, morgen die allgemeinere, der Satz mit dô die genauere. Ebenso ist darnach das 'morgen, dô er danne schiet' Greg. 3512 aufzufassen und Erec 2487 morgen als ez tagte. Wenn morgen nicht die Bedeutung von postridie sondern von mane hat, steht es innerhalb des Nebensatzes vgl. Greg. 3530 dô man mir des morgens rief, v. 3571 dô des morgens ir vart Gegen Rôme erhaben wart.

Andere Zusätze bei dô dienen dazu die Schnelligkeit der Aufeinanderfolge der Vorgänge des Neben- und des Hauptsatzes recht bemerkbar zu machen, sie werden dem dô vorangestellt oder erscheinen auch innerhalb des Nebensatzes.

Im Erec ist nur zu erwähnen dô .. von êrste in v. 8053; im arm. Heinr. dô .. alrêst in v. 133 und dô .. vil kûme in v. 904; im Iwein dâ ze stat dô in v. 2919, dô .. von êrsten in v. 3121, und also schiere do in v. 3368, dô .. vil schiere in v. 6518; dô .. von êrste Ld. 4,11.

Greg. 682 dô sî ze kirchen solde gân Rehte dâvor drîer tage (wart ir kunt getân) erhält durch das Hinzutreten einer Zeitbestimmung 'rehte dâvor drîer tage', welche angibt, wie lange nach dem Eintritt des Ereignisses des Hauptsatzes das des Nebensatzes stattfindet, dô die Geltung eines 'ê, ê daz'. Dies Beispiel unterscheidet sich von den andern mit dâ vor dô bzw. ê dô Greg. 3497. Erec 5158. — Erec 10122. Greg. 335. Bchl. II, 117 (Walter hie bevor dô 48,12. 90,33. 122,14) dadurch, dass bei ihm die Handlung des Hauptsatzes der des Nebensatzes vorangeht, während bei den andern Hauptsatz und Nebensatz gleichzeitige Vorgänge schildern. Auch Erec 5156 daz hâte Fâmurgân.. dâ verlân 5158 lange vor, dô sî erstarp herscht völlige Gleichzeitigkeit, die Periode gehört der Zeit nach der Vorvergangenheit an und 'lange vor' bewerkstelligt die Beziehung auf die Zeit der Erzählung vgl. v. 5148.

Im Erec, arm. Heinr. und Iwein begegnen wir bisweilen innerhalb des Satzes mit dô einem zweiten aber adverbialen dô zum Hinweis auf das im Vorausgehenden Geschilderte: unmittelbar nach der Conjunktion dô arm. Heinr. 350 dô dô der arme Heinrich ... getwelte, v. 404 dô dô des hôhen muotes Den hôhen portenaere bedrôz; durch das Subjekt oder Objekt oder beides von derselben getrent: Erec 253 dô im dô sô tiure Die herberge wâren, arm. Heinr. 855 dô sî daz kint dô sâhen, v. 987 dô im sîn gemahel dô bôt, Iwein 1834 dô er in dô tôten vant (Bech auch Iwein 708)[1]). Anstatt des dô findet sich eine andere Zeitbestimmung Erec 7818 nâch der wîle, Greg. 3530 und 3571 des morgens.

In der Regel steht der Satz mit dô als Versanfang; häufig wird, wenn er eine neue Periode begint, 'und dô' gesetzt, vgl. Erec 7818. 9473. Greg. 733. 1641. 3669. arm. Heinr. 133. 487. 1055. 1342. Iwein 273. 385. 3487. 3930. 4018. 4611. 5060. 5330. 5693. 5795. 6858. Bchl. I, 235 (Bech). Greg. 1187 und 1477 ist das (nur in v. 1187 beiden Sätzen gemeinschaftliche) Subjekt des Nebensatzes 'Grêgorjus dem dô vorangestellt und innerhalb durch das Pronomen er vertreten[2]).

Zusammengesetzte Nebensätze. Wenn der Nebensatz aus mehreren Sätzen zusammengesetzt ist, so wird nur der erste derselben durch dô eingeleitet, die übrigen aber durch und angereiht, vgl. Erec 1840. 2836. 2058. 4932. 5909. 7046. Greg. 2283. 2965. 3669. 457. 686. 733. 2013. 3204. (Bech). arm. Heinr. 350. 471. 855. 875. 987. 1342. Ld. 18, 17. Iwein 369. 421. 673. 1403. 2009. 2371. 3505. 3787. 3791. 4861. 5699. 5812. 5898. 6569. 6587. 7661; in v. 1224. 4507. 6737. 8097 ist nur doppeltes Prädikat anzutreffen.

---

[1]) Vgl. noch die Stellen Walther 15,84. Eneide 23,80. 44,10. 48,81. 50,80. 51,40. 71,12. 99,25, gegen das Ende zu seltener, nur noch 267,16 und 345,25. Maria W. 170,9. Annol. 35. 397 und 757. Laur. 1137. 1215.

[2]) Vgl. Tristan G. 295,27. 408,29. 457,21 mit gleichem Subjekt und im Nebensatze er; ferner 93,6. 140,33. 182,38 mit verschiedenen Subjekten und im Nebensatze der.

Die Teile des Nebensatzes zeigen sowol gleiches als verschiedenes Subjekt. Erec 4932 und 5909 ist im zweiten Teil das Subjekt, obwol es sich nicht von dem des ersten unterscheidet, besonders ausgedrückt, ebenso Iwein 421. 2009. Iwein 3788 dô man in zuo rîten sach Und sînen gevangen man Eneben ime fuorte dan, ist trotz obwaltender Verschiedenheit der Subjekte im zweiten Satze das Subjekt nicht besonders ausgedrückt, sondern aus dem Sinne des ersten zu ergänzen. — Iwein 5812 dô man ir ze gemache tete .. Und nâch ezzenne wart, ist im zweiten das Subjekt, das unbestimte ez weggeblieben.

Zwei Nebensätze, beide durch die Conjunktion dô eingeleitet und durch 'und' verbunden, mit gemeinschaftlichem Hauptsatz begegnen Erec 1294 dô ez also was komen.. 1300 Und dô diu frouwe Enite Behertet wart mit strîte, Sînes gelückes wâren dô.. vrô. v. 7267 sî het ir phärt verlorn, Dô der grâve Oringles wart erslagen Uf Lîmors und dô von dan Erec mit ir sô kûme entran. Iwein 2403 dô der truhsaeze getete.. Und dô sî ouch hôrten sagen.. 2411 Und als in rehte wart geseit.., 2414 Von rehte sî des jâhen. vgl. Erec 6142 (Bech).

An drei Stellen — Gregor 20 do er (der tôt) im sîn zuokunft enbôt Sô daz er in geleite, Dô er von sieheite Sich des tôdes entstuont, Dô tet er .. v. 455 dô die herren über daz lant Ze hove wurden besant, Dô sî für quâmen Und ir herren vernâmen, Sîner bete wart gevolget sâ. v. 3504 Dannoch dô Grêgorjus was In der sünden gewalt .. 3007 Dô er von sînem gewalte gie Und in der vischaere enpfie.. 3509 Und in mit ungemache Des nahtes beriet.., 3515 Sô gemuote in nie mêre Dehein dinc alsô sêre — sind die beiden Nebensätze asyndetisch aneinander gereiht, weil sie nicht, wie dies in den oben angeführten Beispielen der Fall war, wesentlich verschiedene Tatsachen schildern, sondern der zweite der Sätze entweder fast nur eine stilistische Wiederholung des Inhalts des ersten ist, wie in v. 30, oder eine genauere und eingehendere Darstellung des in Rede stehenden Tatbestandes enthält, wie in v. 455 und 3504, womit hier der Umstand, dass dieser zweite Satz beide Male ein zusammengesetzter ist, gut übereinstimt. Mit Gregor 20 ff. ist zu vergleichen v. 3141 ff. Dô er sich geroufte genuoc Und sich zen brüsten gesluoc, Dô frâgten in die herren . . 3145 Dô si in sô tiure sâhen klagen, wo der zweite Satz mit dô dem gemeinschaftlichen Hauptsatz folgt, während der erste demselben voransteht. Beide Nebensätze stehen nach dem Hauptsatze Iwein 2557 Sîme herzen liebe geschach, Dô er jenen halden sach . . 2560 Dô in got sô gêrte (s. Greg. 455 und 3504). Vielleicht ist der zweite derselben abhängig zu machen von v. 2564 des lobet er got, und am Schluss von v. 2559 eine stärkere Interpunktion zu setzen. — Greg. 3203, wo Lachmann liest: Dô sî mit arbeiten Die barke zuo bereiten, Dô sî ûf den stein quâmen etc. ist mit Paul offenbar der Eggerschen Umänderung der Vorzug zu geben: Dô sî mit arb. Die bark dar zuo bereiten Daz si ûf den stein quâmen . . . Vgl. auch noch Greg. 3025 und Erec 9487 (als . . dô).

Erec 5951 het ich den klagenden sûft bewart, Den ich nam sô tiefe Dô ich wânde er sliefe, Des tages dô ich bî im lac, ist der erste Satz mit dô von dem Relativsatz und der zweite von v. 5951 abhängig zu machen; die Stelle ist also nicht den oben angeführten Beispielen zuzurechnen, ebensowenig Erec 7046—52.

Zeitfolge in den Perioden mit der Conjunktion dô. — Dô wird nur mit Temporibus der Vergangenheit verbunden. Nur einmal bei Hartman komt es bei einem praes. vor, arm. Heinr. 103 daz sî zeiner eschen wirt Enmitten dô sî lieht birt, wo die Verwendung des dô für die Gegenwart weniger überrascht, weil es hier relativisch mit dem vorangehenden enmitten in enger Beziehung steht, so dass beide zusammen etwa eiñem die wîle od. dergl. gleichwertig sind und dô in selbständiger conjunktionaler Bedeutung gar nicht zur Geltung komt. Ausserdem schildert das praes. eine für die Gegenwart noch geltende aber in der Vergangenheit erworbene Erfahrung. Anders verhält es sich mit Erec 5052, wo Haupt liest: Swer hin ze hove kumt Dô ez im sô lützel frumt Als ez mir nû hie tuot, Dem waer dâ heime als guot, hier ist dô allein als Conjunktion verwandt und das mit dem praes. gegebene Ereignis des Nebensatzes ist nicht einmal ein wirkliches, sondern wird nur als wirklich angeschaut. Bech schreibt 'daz' für 'dô'; besser wol 'und' zu lesen.

Im Uebrigen gelten für die Perioden mit dô folgende Regeln:

a) Wenn dô gleichzeitige Ereignisse verbindet, so steht im Hauptsatz und im Nebensatz der ind. praet. Dies ist der Fall im Erec an 68 Stellen, im Gregor an 44, im arm. Heinr. an 20, im Iwein an 68 und in den Liedern und Büchlein an 12 Stellen vgl. Erec 160. 253. 363. 782. Greg. 20. 133. Iwein 62. 273. 312. 329. 353.

Erec 7267 und 7395 ist im Hauptsatz, weil beide Ereignisse für den Dichter in der Vorvergangenheit liegen, das plpf. gebraucht.

Erec 6550 Dô diu frouwe wart geslagen, Ir baerde suln wir niht verdagen, hat scheinbar einen präsentischen Hauptsatz, weil nämlich der eigentliche Hauptsatz, welcher auch das praet. zeigen würde (wie sî dô gebârte), fehlt und aus ir baerde zu ergänzen ist. Vgl. Erec 6814. Iwein 778. 5857.

Den conj. praet. zeigt der Nebensatz Iwein 4258 dô ich tôt waere gelegen, und 7999 dô ich waere verbrant, zum Ausdruck eines nicht zur Verwirklichung gelangten Ereignisses der Vergangenheit; im Hauptsatze aus demselben Grunde Greg. 335. Büchl. II, 117. Greg. 1723. arm. Heinr. 1031. Iwein 3604. 6443 und Erec 8203.

b) Wenn dô auf einander folgende Ereignisse — das des Nebensatzes geht der Zeit nach dem des Hauptsatzes voran — verknüpft, so steht

aa) ebenfalls das praet. in beiden Sätzen, im Nebensatz mit plusquamperfektischer Bedeutung:

Erec 1115. 1840. 2477. 3235. 4462. 4790. 5909. 7024. 7818. 8053. 9188. 9237. 9486.

Greg. 16. 659. 686. 733. 937. 957. 965. 983. 1040. 1187. 1477. 1771. 1967. 2013. 2149. 2157. 2283. 2299. 2709. 2965.

Arm. Heinrich 350. 1055. 1342. 1463.

Iwein 421. 673 (im Hauptsatz conj. plpf. zum Ausdruck der Unwirklichkeit). 708. 763. 773. 999. 1224. 1365 .1403. 1478. 1483. 1593. 1599. 1757. 1783. 2009. 2185. 2371. 2403. 2560.

(s. p. 11). 2601. 2763. 3239. 3283. 3368. 3467. 3487. 3505. 3802. 3865. 4119. 4507. 5185. 5693. 5699. 5715. 5812. 5857. 5898. 6471. 6517. 6587. 6737. 6799. 6929. 7291. 7505. 7616. 7722. 7781. 8097.

Büchl. I, 235.

Gern wird die plusquamperfektische Bedeutung durch die Hinzufügung des Präfixes ge hervorgehoben, vgl. genam Erec 1840. getete 5908. gesach 6074. gesweic 7024. geriten 7818. gâzen 9489.

Gregor: gesluoc 1187. 1967. 2283. 3141. getete 2149. 3027. 3159. gewcinde 2283. gereit 2300. gevâhen 3078. geroufte 3141. gesaz 2967.

Iwein: gâzen 369. 6569. gaz getranc 1224. gevienc 673. gesaz 708. 773. gesach 1365. 1478. gehörte unde gesach 4507. 6739. 8097. gesuochten 1403. getete 2403. gebieten 2763. gereit 3229. gepflac 3283. gestreich 3487. gerihte 3505. gehörten 5185. gesagte 5693. gestreit 5898. gesunderten 6517.

Zum Ausdruck der Intensität dient ge- Erec 1861. 7046. arm. H. 120. Iwein 2373. 2676. Ld. 18,17 u. a. a. O.

Ausser durch ge- wird bisweilen die Vollendung der Handlung noch durch ein besonderes Adverb zum Ausdruck gebracht, wie 'genuoc' Greg. 1187. 1967. 2283. 3141. Iwein 1403. oder 'gar' Iwein 4487 oder 'vol' Iw. 6569 oder 'harte vil' Greg. 2149.

bb. im Hauptsatz steht das praet. und im Nebensatz das plpf.

Beispiele: Erec 442. 1112. 1196 (nach Bech, Haupt hat ê). 1294. 2764. 2852. 3681. 7049.

Greg. 17, 'was bedaht' und 'was gereit' in v. 183 und 595 drücken dauernde Zustände aus und bedaht und gereit sind adjektivischer Natur.

Arm. Heinr. 516. 904. 1378. 1408.

Iwein 96. 369. 752. 904. 1217. 3440. 5412. 5867. 6108.

In beiden Sätzen begegnet plpf. Erec 1099 nû waser ze sînem hûse Wider entwichen in daz lant.., 1102 Dô der hirz was gejaget, weil für den Dichter auch das Ereignis des Hauptsatzes der Vergangenheit angehört. Einen gleichen Fall bietet nach Haupt v. 7400 ez hetez vil vaste Gebunden ze einem aste Dô ez was gegangen dan, wenn man da nicht mit Bech die Umwandlung der temporalen Periode in zwei nebengeordnete Sätze durch Umstellung von ez was vorzieht.

c) Selten ist der Fall, dass das Ereignis des Hauptsatzes seinem Verlaufe nach dem des Nebensatzes vorangeht. Wir finden dann im Hauptsatze das plpf. und im Nebensatze das praet.

Hierher gehören Greg. 200 dô sî begunde wachen, Dô het ers umbevangen. Iw. 2675 dô ir diu êre geschach Daz sî der kûnec durch in gesach, Dô hete sî daz rehte ersehn. Iwein 4293 und was in den selben tagen, Dô ich dar kom durch klagen, Her Gâwein nâch gestrichen. In diesen Beispielen ist die Handlung des Hauptsatzes beim Eintritt der des Nebensatzes vollendet; Iwein 708 Dô ich dâ wider ûf gesaz, Dô was er komen daz er mich sach, und Gregor 1477 Grêgorjus, dô er ritter wart, Dô heter im dannoch niht enbart, ist auch die des Nebensatzes bereits zum Abschluss˙ gelangt, wenn denselben die des Hauptsatzes erreicht; das praet. des Nebensatzes ʻgesaz, wartʼ erhält auf diese Weise plpf. Bedeutung und die beiden Stellen sind den Beispielen für die Verbindung gleichzeitiger Ereignisse durch dô anzureihen. Gleichzeitige Vorgänge schildert auch Erec 7395 ez het der wirt selbe genomen . . dô er reit, und nur, weil sie sich vor der Zeit der betreffenden Erzählung zugetragen haben, steht im Hauptsatz das plpf.

Für jene oben besprochenen Fälle ist dagegen noch in Betracht zu ziehen Greg. 681 Ditz maere wart ir kunt getân Dô sî ze kirchen solde gân, Rehte dâ vor drîer tage und bei Iw. 708 und Greg. 1477 ist zu vergleichen Erec 5570 Als Erec den sigc gewan, Dô hete den gevangen man Daz ros in den walt getragen.

Iwein 7616 Dô im mîn name wart erkant, Dô nanter sich sâ, Und rûmte vîentschaft dâ, Und gehellen iemer mêre in ein, ist nach zweimaligem praet. bei gleichfalls präteritalem Nebensatz im dritten Gliede des Hauptsatzes ιdas praes. gebraucht, weil das betreffende Ausgesagte auch für die Gegenwart des Erzählenden noch Geltung hat.

In zusammengesetzten Nebensätzen stehen die zusammengestellten Ereignisse zu dem im Hauptsatz geschilderten Vorgang in verschiedener Beziehung und sind teils demselben gleichzeitig, teils gehn sie ihm voran. Zur Hervorhebung dieses verschiedenen Verhältnisses ist ein Wechsel zwischen plpf. und praet. meist nicht für nötig befunden worden, sondern in allen Teilen steht das praet. bald in eigentlicher bald in plpf. Bedeutung vgl. Greg. 2013 Dô ditz nôtige lant Sînen kumber überwant Und mit fride stuont als ê. arm. Heinr. 471. Iw. 2009. 3505. 5898. Tempuswechsel zeigen Erec 7046 Dô sî dâ bî gesâzen Und ein teil vergâzen Kumberlîcher arbeit Und Erec hâte geseit. Iwein 369 Dô wir mit vrenden gâzen Und dâ nâch gesâzen Und ich im hâte geseit.

Stellung von Hauptsatz und Nebensatz. — Die Regel ist, dass der Nebensatz vorangeht und der Hauptsatz ihm folgt. Ausnamen sind aber häufig.

Erec zeigt in 52 Fällen den Nebensatz an erster Stelle, und in 33 den Hauptsatz, in v. 990. 1099. 2603. 2803. 2887. 2901. 3647. 3678. 4055. 4421. 5052. 5100. 5156. 5279. 5309. 5949. 5980. 6072. 6084. 6324. 6367. 6723. 7020. 7267. 7395. 7400. 7658. 7709. 7804. 8340. 9137. 9899. 10123.

Gregor hat die regelmässige Stellung verhältnissmässig häufiger, 60 mal gegenüber 16 maliger Umstellung, in v. 15. 183. 323. 335. 474. 479. 681. 1169. 1172. 1180. 2141. 2451. 2455. 3025. 3141. 3496. 3770. Der Unterschied ist zwischen Erec und Gregor hierin demnach sehr bedeutend, im Erec war das Verhältnis wie 2:3, während es im Gregor beinahe wie 2:8 sich stellt.

Im arm. Heinr. wird bei 29 Fällen nur 8 mal von der Regel abgewichen, in v. 104. 139. 629. 867. 877. 1033. 1325. 1406, also ungefähr in demselben Verhältnis von 2:7.

Iwein bietet die unregelmässige Anordnung der Sätze in v. 312. 329. 607. 710. 786. 1110. 1361. 2221. 2460. 2557. 2589. 2601. 2919. 3120. 3143. 3440. 3666. 3716. 3787. 3886. 4293. 4818. 4861. 5080. 5898. 6183. 6299. 6443. 6868. 7125. 7722. 7943. 7951. 7998. 8097, zusammen 35 mal bei im Ganzen

135 Fällen, das Verhältnis zwischen beiden Stellungsarten ist also auch hier das von fast 2 : 8.

Die Büchl. und Ld. weisen je 7 Fälle für die eine wie für die andre Art die Sätze anzuordnen auf.

Der Nebensatz ist in den Hauptsatz eingeschoben Erec 2803. 6084. arm. Heinr. 867. Iwein 4293.

Meist wird nicht willkürlich die regelmässige Folge der Sätze verändert, sondern nur, wenn gewisse Gründe diese Abweichung rechtfertigen.

Jene Umstellung tritt ein, erstens, wenn der Hauptsatz durch irgend welche Construktion oder Beziehung derartig mit dem Vorausgehenden verknüpft ist, dass eine Unterbrechung dieses engeren Zusammenhanges durch die Voranstellung des Nebensatzes unzuträglich sein würde, vgl. Erec 2887. 3678. 5949. 8340. Iwein 4861 u. s. f., vor allem gehören hierher die auf p. 7 aufgeführten Beispiele, wo dô sich auf einen temporalen Ausdruck im Hauptsatz bezieht; zweitens, wenn auf dem Hauptsatz, als dem die Erzählung fortführenden allein der Ton liegt und der Nebensatz nur eine untergeordnete Zeitbestimmung enthält vgl. Erec 1099. 9899. Greg. 323. 335 u. a.

Beziehungsausdrücke im Hauptsatz. — Wenn der Hauptsatz vorangeht, so finden wir einige Male innerhalb des Satzes ein adverbiales dô oder einen anderen temporalen Ausdruck, zu welchem der Nebensatz mit dô in Beziehung steht; aber eine Einleitung des Hauptsatzes durch eine an den Anfang tretende Zeitpartikel findet nirgend statt. Das Auftreten des nû Erec 1099. 2603. Greg. 183. Iwein 3716. 3886. 6868 wird durch andere Gründe veranlasst.

Dagegen wird der dem Nebensatz nachfolgende Hauptsatz in der Regel durch eine Partikel eingeführt.

Am häufigsten wird dazu das adverbiale dô verwendet. Im Erec ist dieser Gebrauch von dô noch nicht so allgemein als in den späteren Werken. Die Fälle, in denen sich hier dô an der Spitze des Hauptsatzes zeigt, sind folgende: v. 161. 625. 788. 1113. 1116. 1862 (Bech sô). 2626. 3830. 4319. 4791. 6140. 9190. 9339. 9475. 9491. 9981, also 15—16 gegenüber 52 anderen, da von den übrigen 70 Fällen 33 mit vorangestelltem Hauptsatz nicht in Betracht kommen. Es ergibt sich also für die Verwendung von dô im Erec ein Verhältnis von 1 : 3.

Im Gregor tritt dô bei weitem häufiger auf, vgl. v. 19. 24. 201. 596. 845. 1042. 1478. 1731. 1909. 1969. 1981. 2063. 2151. 2211. 2301. 2710. 2728. 2879. 2971. 3134. 3143. 3247. 3318. 3531. 3573. 3685, zusammen 26mal bei 59 zu berücksichtigenden Beispielen, das Verhältnis beider Teile zu einander stellt sich auf 1 : 2.

Im arm. Heinr. begegnet dô in 10 von 21 Beispielen, in v. 136. 905. 990. 1058. 1215. 1309. 1346. 1379. 1465. 1474. Also ein Verhältnis von 1 : 1.

Im Iwein zeigen dô die vv. 97. 384. 387. 423. 480. 630. 709. 753. 1000. 1120. 1150. 1225. 1417. 1479. 1593. 1605. 1758. 1784. 1836. 2011. 2077. 2188. 2218. 2255. 2677. 2764. 2916. 3140. 3370. 3605. 3767. 3794. 3804. 3866. 3933. 4019. 4121. 4259. 4373. 4594. 4612. 5047. 5061. 5163. 5331. 5413. 5568. 5674. 5703. 5716. 5760. 5796. 5868. 5893. 6109. 6472. 6519. 6571. 6591. 6740. 6800. 6931. 7296. 7617, zusammen 64, an 36 anderen Stellen findet sich dô nicht. Daraus ergibt sich für den Iwein ein Verhältnis von 2 : 1. Es zeigen also die Gedichte Hartmans in Bezug auf diesen Gebrauch von dô eine ganz regelmässige stetige Zunahme.

Bchl. I, 235 und Ld. 4, 2. 13, 4. 21, 12 ist ebenfalls das einleitende dô zu finden.

An Stelle des dô ist bisweilen nû gebraucht, im Erec in v. 3148. 4216 (in v. 443 und 6815 ist es das bei Imperativen stehende im Sinne von auf! wolan!); im Greg. in v. 661. 737. 1060. 2016. 2077. 3168. 3666. 3671, also überraschend häufig (die Hdd. E und G haben in v. 661. 1681. 2016. 3666 dô). Im arm. Heinr. findet es sich nur in v. 355, und im Iwein in v. 1301. 3284 (nach Bech). 3468 (Iw. 778 ist nû wieder adhortativ). Ein erheblicher Unterschied in der Bedeutung besteht zwischen dô und nû nicht.

Greg. 3515. Ld. 4, 7 und Erec 1862 (Bech) ist nach dem Nebensatz mit dô zur Einleitung des Hauptsatzes die Partikel sô verwant. Nun wird aber sô zur Einführung des Hauptsatzes nur nach solchen Conjunktionen gebraucht, die hypothetisch-temporalen Sinn haben, wie sô alsô swenne (nach alsô in rein temporalem Sinne komt sô im Hauptsatze ebenso wenig vor) oder causal-temporalen wie sît (vgl. p. 27. 36. 42. 50.). Das sô Ld. 4, 7 liesse sich darnach durch den causalen Nebensinn des Satzes mit dô erklären [und Erec 1862, falls die Bechsche Vermutung richtig sein sollte, durch die beeinflussende Nähe des hypothetisch-temporalen Satzes mit sô in v. 1865]. Greg. 3515 ist das sô auf Rechnung des unmittelbar voraus gehenden die wîle zu setzen, das häufig sô nach sich hat, vgl. Erec 2463. 8147. arm. Heinr. 621. Iwein 6611. — Das innerhalb des Satzes stehende sô Erec 8958 ff. dô er sî dâ sach sitzen, Mit zühteclîchen witzen Sô erbeizte der gast (und Greg. 4044 als er die zuo im genam Und zuo den herbergen kam, Nâch ungefüegem gruoze Sô stiez er mit dem fuoze) drückt auf den folgenden Satz hinweisend die Art und Weise aus, wie etwas geschieht.

Nach dô nû sô an der Spitze des Hauptsatzes tritt in demselben Inversion des Subjekts ein.

An einigen Stellen begegnet dô nicht am Anfang, sondern innerhalb des Hauptsatzes: Erec 1302. 2478. 3237. 5913. Greg. 987. arm. Heinr. 123 und 990 (zu gleicher Zeit dô am Anfang). Iw. 274. 3508. 3768 (Bech liest mit BD doch). 5858. Bei diesem dô unterbleibt, wenn nicht noch andere Gründe dazu vorliegen, die Inversion.

Anstatt des adverbialen dô werden zur Herstellung der Beziehung auf den Nebensatz auch andere temporale Ausdrücke an der Spitze und innerhalb verwant, auch neben dô oder nû.

Erec 2956 der tugende er dannoch wielt.

Greg. 1477 dô heter im dannoch niht enbart. 172 beidiu naht unde tac. Zur Bezeichnung des schnellen Eintretens 459 sîner bete wart gevolget sâ, 651 nu . sâ zehant . 2158 . . vil schiere 2286 . . alsô drâte. 3001 dô . . als drâte. 3134 dô . . zehant. 3227 . . sâ. 3689 dô . . sâ zestunt.

Armer Heinrich 1055 dô . . zehant.

Iwein 354 . . anderstunt. 3284 . . umb einen mitten tac. 7783 noch. Dann 473 zehant. 629 dô . . zehant. 3448 vil drâte. 5716 dô . . zehant. 7617 dô . . sâ.

Wenn diese temporalen Ausdrücke den Satz beginnen, so steht auch nach ihnen die Inversion.

Auch das blosse Demonstrativpronomen und demonstrative Adverbien nicht temporaler Natur sehen wir auf den Inhalt des vorausgehenden Nebensatzes Bezug nemend den Hauptsatz einleiten. Vgl. Greg. 1188 dar umbe, und arm. Heinr. 1283 dâ . . mite. Besonders viel Beispiele bietet Iwein. Der nom. des Demonstrativs findet sich in 4508. 4991. 7293 den Inhalt des Nebensatzes zum Subjekt des Hauptsatzes erhebend, innerhalb Erec 1732. — Iwein 905 und 5185 bezieht sich 'daz' auf das im Nebensatz als Objekt erscheinende daz. — Der gen. begegnet bei Verben des Affekts, wenn der Satz mit dô den Grund des Affektes enthält, vgl. Iwein 373. 7509. 7663 und vielleicht auch 2564. — Der acc. erscheint Iw. 4012 und Ld. 18, 19. dar üz Greg. 790 bezieht sich auf dar inne in v. 788 und 'den' in v. 3231 auf 'einen harte schoenen man' in v. 3209.

Auch diese Demonstrativa bewirken am Anfang des Hauptsatzes stehend die Inversion.

In vielen Fällen wird durch ein an die Spitze des Satzes gestelltes Satzglied, meist Objekt oder adverbiale Bestimmung, das Vorantreten eines Beziehungsausdruckes verhindert. Vgl. im Erec die Stellen v. 255. 364. 1302. 1736. 2060. 3111. 3500. 6551. 7054 mit Inv. — 1732. 2032. 2478. 2956. 3237. 4463. 5843. 5913. 7820 ohne Inversion. — Im Greg. v. 938. 958. 1772. 3080 und 3162. 3209. Im arm. Heinr. v. 123. 474 und 406. 1198. Im Iwein v. 2374. 2414. 6859 ohne Inversion. — Iwein 773 (wan), 225 (weder), 1702. 4058. 5045 (daz), 5694 (wie) haben fremde nicht auf den Nebensatz bezügliche Beziehungsausdrücke die erste Stelle inne.

In den übrigen Fällen, wo der Hauptsatz weder durch eine Partikel eingeleitet ist, noch irgend ein andrer Ausdruck ihre Stelle einnimt, finden wir die Wortordnung des selbständigen Satzes, nicht Inversion des Subjekts, wie es im Neuhochdeutschen Regel geworden ist. Vgl. Erec 1727. 1842. 2766. 2852. 6589. 7025. 8054. 8251. Greg. 966. 987. 1642. 2055. 2158. 2894. 3236. arm. Heinr. 82. 482. 490. 518. 859. Iwein 62. 764. 1218. 1366. 1484. 2767. 3284. 5772. 6240.

Die Inversion Iw. 675 waer ich gewesen vür wâr, und Erec 444 sprach der wirt ze dem gaste ist nicht auf die Verwendung des Satzes als Hauptsatz einer temporalen Periode zurückzuführen. Iwein 675 ist die hypothetische Bedeutung massgebend gewesen, und Erec 444 sehen wir diese Stellung der Satzteile gewählt, weil die Rede vorausgeht, in welchem Falle auch das Lateinische und Griechische die Inversion, wenn das Subjekt besonders ausgedrückt ist, stets eintreten lassen.

Der Hauptsatz ist ein zusammengesetzter Satz: Erec 1294. 1726. 7024. 7046. Greg. 323. 659. 788. 843. 983. 1187 u. a. m. arm. Heinr. 350. 481. 863. 1214. Iwein 773. 1783. 1834 u. ö. — Die einzelnen Teile sind durch 'und' verbunden, die Einleitung durch dô zeigt immer nur der erste Teil. Nur Iwein 3767 dô muoser ouch entwîchen Und vlôch dô werlîchen, findet sich einmal ein zweites dô, welches eingeschoben ist. Bech liest dafür im Anschluss an die Hdd. B und D doch. — Wenn das Subjekt des zweiten Teiles besonders ausgedrückt ist, so bewirkt das adverbiale dô bezw. nû an der Spitze des ersten auch im zweiten Satze die Inversion, vgl. Greg. 661 nu begunde er siechen sâ zehant . . Und muose belîben sîn vart. v. 3168 nu begunde er sî erbarmen Unde gehiezen sî ime daz (Bech lässt sî weg). Iwein 5163 dô kom ir helfaere Und was im vil swaere Ir laster unde. ir arbeit.

Bisweilen folgt auf den eigentlichen Hauptsatz noch asyndetisch ein selbständiger Satz mit adverbialem dô oder einem anderen temporalen Ausdrucke. Er gehört nicht mehr zu der Periode mit dô, nimt aber doch ebenfalls auf den Nebensatz Bezug vgl. Iwein 765. 7664 (innerhalb). Erec 2034. Greg. 2078. vil drâte . . dô Erec 2893. zehant Greg. 25.

Häufiger noch findet eine derartige Fortsetzung mit Bezug auf den Hauptsatz statt, indem die in demselben geschilderten Vorgänge zur zeitlichen Bestimmung anderer wieder benutzt werden, vgl. Erec 2770. 4797. Greg. 598. 848. 2898. 3032. Iwein 5050. 5334. 6592. 6741. 6802 mit dô, und Greg. 3146. 3174. 3238. 3320 mit nû.

§ 2. Sätze mit der Conjunktion nû und nû daz.

Das temporale Adverb nû ist eine im mhd. zum Hinweis auf Gegenwärtiges wie auf Vergangenes viel verwante demonstrative Partikel und zeigt in seiner Bedeutung wie auch namentlich in der Art und Weise, in der sich aus seinem demonstrativen Gebrauche der conjunktionale entwickelt, grosse Aehnlichkeit mit dô. Anfänglich hob es an der Spitze selbständiger Sätze stehend vorhandene temporale Beziehungen demonstrativisch hervor. Von dieser Verwendung finden sich bei Hartman (vgl. Beneckes Anm. zu Iw. 4262) noch zahlreiche Beispiele: Erec 2070. 3013—16. 8155—57. 8359—61 und 8364. Greg. 377—78. 857—59. 1113—17. 1194—96. arm. Heinr. 984. 1497. Iw. 518. 3059 u. ö. Dann trat Unterordnung an die Stelle der Nebenordnung und nû wurde relativische Conjunktion, fast synonym mit dô nur mit dem Unterschiede, dass, während in den Sätzen mit dô die Verhältnisse immer nur vom Standpunkt des Erzählenden aus betrachtet werden, bei nû sich der Verfasser gern gewissermassen in die Zeit des handelnden Subjektes versetzt und auf diese Weise die Ereignisse der Gegenwart näher bringt.

Als Conjunktion begegnet nû bei Hartman selten[1]). Zweimal erscheint nû allein. Erec 228 nû er suochende reit.. 231 nû vant er an dem wege, und arm. Heinr. 1241 Nu er sî alse schoene sach, Wider sich selben er dô sprach; zweimal nû daz Greg. 30 Nû daz sî für in komen sint, Mâge unde dienestman, Sîniu kint sach er dô an, und v. 103 Nû daz disiu rîchiu kint Sus beidenthalp verweiset sint, Der juncherre sich underwant Sîner swester sâ zehant. Unsicher sind Erec 7028 und 8509, wo Haupt 'und' der Hd. beibehält, Bech nû schreibt[2]).

---

[1]) Lachmann leugnet hingegen die relative Verwendung des nû bei Hartman ganz in seinen Anmerkungen zu Iwein 2528, wobei er aber Erec 228 (vgl. Haupts Bemerkungen hierzu) und arm. Heinr. 1241 (welche Stelle auch Haupt unberücksichtigt lässt) nicht in Betracht zieht.

[2]) Bei Walther ist nû ebenso selten, es erscheint nur einmal p. 119, 37. Bei Wolfram im Parzival 730, 14. In Veldekes Eneide ist es zehnmal gebraucht; am häufigsten kommt es im Tristan Gottfrieds vor: 98 mal nû, 35 mal nû daz.

Zeitfolge in den Sätzen mit nû. — Bei Hartman komt nû, nû daz nur mit den Temporibus der Vergangenheit verbunden vor, aus dem Vergleiche mit Walther 119,37 Nû sî alle trûrent sô, Wie möhte ichz eine denne lân (und Erec 2070 Nû sint die guoten knehte Enphangen nâch ir rehte .. Nû nenne ich iu die alten) erhellt, dass es nicht auf die Verbindung mit diesen beschränkt ist.

Erec 228 und arm. Heinr. 1241, wo nû gleichzeitige Vorgänge verknüpft, ist in beiden Sätzen der ind. praet. verwant.

In den beiden Beispielen für nû daz Greg. 30 und 103 folgt das eine Ereignis dem Abschluss des andern; aber anstatt des im Nebensatze in diesem Falle zu erwartenden plpf. oder plusquamperfektischen praet. ist der ind. perf. comp. gesetzt vermöge jener oben erwähnten dem nû eigentümlichen Kraft, Vergangenes als Gegenwärtiges zur Anschauung zu bringen. Vgl. auch Erec 8364 nû habent sî vol gegezzen Und sint dar nâch gesezzen Und retten aller hande, wobei es nicht unmöglich ist, dass der Tempuswechsel zum Teil auf Grund des Einflusses von nû vorgenommen wurde. — Im Hauptsatz steht der ind. praet. (Vgl. die Sätze mit also — nû u. dô — nû — und die coordinirten mit nû — nû).

Der Hauptsatz folgt in allen vier Fällen auf den Nebensatz und ist Erec 228 durch nû eingeleitet, Greg. 30 und arm. Heinr. 1241 steht dô innerhalb des Hauptsatzes, Greg. 103 dafür ʻsâ zehantʼ.

Bei den Sätzen mit nû ist auch hinzuweisen auf Erec 2928 nû sô er heim komen ist, Dô kêrter allen sînen list An frowen Enîten minne. Wie Greg. 30 und 103 ʻdazʼ benutzt wurde, um die Unterordnung des Satzes unter nû zu bewerkstelligen, scheint mir hier in ähnlicher Weise sô verwertet zu sein [welches seinerseits wieder nach alsô schiere und swie schiere (s. p. 29) durch daz vertreten werden kann, vgl. Greg. 2973. Erec 3090]. Die Stelle zeigt ausserdem in der Tempusfolge — perf. im Nebensatz, praet. im Hauptsatz — und in der Einleitung des Hauptsatzes durch dô (Gotf. Trist. 12,39. 29,24. 30,1 u. ö.) grosse Aehnlichkeit mit den Sätzen mit nû und weicht eben darin bedeutend von dem in den übrigen Sätzen mit sô herschenden Gebrauche ab.

§ 3. Sätze mit der Conjunktion sô.

Die Conjunktion sô zeigt sich in temporalem Sinne in den Dichtungen Hartmans zusammen an 71 Stellen, wovon dem Erec 23, dem Gregor 14, dem arm. Heinr. 2, dem Iwein 17 und den Ld. und Büchl. 15, für diese verhältnismässig viel, zugehören.

Die temporale Verwendung des sô beruht auf seiner comparativen Natur, denn dadurch, dass es nicht nur zur Vergleichung von Gegenständen in Bezug auf ihre Qualität und Quantität oder von Eigenschaften in Bezug auf ihre Intensität, sondern auch zur Vergleichung von Vorgängen hinsichtlich ihrer Dauer oder ihres Eintretens verwant wurde, entwickelte sich sô allmählich zur temporalen Conjunktion.

sô findet sich in Schilderungen von Gegenwärtigem wie von Vergangenem:

a) Wenn sô gleichzeitige Vorgänge verbindet, hat es bei längerer Dauer derselben die Bedeutung von 'während, indem', bei kürzerer von 'als, wenn', vgl. für die Vergangenheit Erec 5184. 5241. — Greg. 1410. 1413. 1441. Iwein 877. 2474 u. ö. für die Gegenwart.

b) Wenn die Ereignisse des Hauptsatzes und Nebensatzes auf einander folgen, dann hat sô den Sinn von 'sobald, wenn', vgl. Erec 2142. 2928. Greg. 800. 912. Iw. 823. 914 u. ö.

Vermöge seiner Verwendung bei Ereignissen der Gegenwart und der Zukunft vollzieht sich bei sô leicht der Uebergang aus der reintemporalen in die hypothetisch-temporale Bedeutung, da in der Regel den noch bevorstehenden Ereignissen nicht die volle Gewissheit des Eintretens innewohnt, sondern deren Verwirklichung meist allein von dem Verlaufe der Vorgänge, welche in dem Nebensatze mit sô ihren Ausdruck finden, abhängig ist. Auf diese Weise erhält das sô bald stärkeren bald schwächeren hypothetischen Sinn, vgl. Erec 713. 1865. 1882. 4829. 5620. Greg. 800. 1366. 1541. 3437. Iw. 1067. 1524. Büchl. I, 897. — Büchl. II, 598 ist sogar der Satz mit sô die direkte Fortsetzung einer rein hypothetischen Periode. — Uebergang aus der hypothetischen in die causale Bedeutung, indem die im Satze mit sô vorausgesetzte Tatsache eine unabänderlich feststehende ist, zeigen Erec 8150 ff. unde wil er mirs niht bîten, Sô mac ich ze disen zîten Alsô maere sterben So der lîp doch muoz verderben, und arm. Heinr. 890 Sô man ir doch niht enmöhte Benemen ir willen unde ir muot, So enwaere in niht alsô guot (vgl. lat. siquidem und quando quidem mit diesem sô .. doch).

sô kann auch Ereignisse der Vergangenheit verbinden, von denen das Eintreten des einen das des andern zur Folge hatte. Es ist dann wiederzugeben mit 'so oft als, jedesmal wenn', vgl. Erec 5184. 5241. 7902. Greg. 1410. 1413. 1422. 1440. 2218. Iw. 1327. (Trist. 291,3. 298,18.). Erec 5032 vertritt 'swie ofte' das 'sô', und Erec 9156 vil ofte kam ez daran Daz der grôze man Den minnern vor im dan sluoc: Sô sluoc in aber Erec, finden wir sogar zwei coordinirte Sätze an Stelle einer Periode mit sô (cf. Trist. 349, 28 als ofte sô). Vgl. auch 'alsô dicke unde' Erec 5542.

Wenn sô Vorgänge verknüpft, die ausser in temporaler noch in gegensätzlicher Beziehung zu einander stehen, so erhält es in dem betreffenden Zusammenhange concessive Bedeutung, vgl. Iw. 2474 die alsô vil gesprechent Von ir selber getât, Sô ins nieman gestât, wo sô etwa gleichwertig unserem 'während, obwol' ist, und v. 2706 und sint sî in ir muote Getriuwe undr in beiden Sô sich gebruoder scheiden. Ferner Erec 4828. arm. Heinr. 95 und 110.

Iwein 7388 Sô der tac tiebet Manheit unde wâfen, Sô wil diu naht slâfen ist die gegensätzliche Bedeutung des sô nicht aus der temporalen Zusammenstellung gleichzeitiger Vorgänge wie in den obigen Beispielen zu erklären, sondern sie ist hier aus der comparativen Grundbedeutung der Conjunktion hervorgegangen. sô stellt hier Tag und Nacht in Bezug auf ihre entgegengesetzte Bestimmung einander gegenüber und komt auf diesem Wege zu dem adversativen Sinne von 'während' (wie .. so dagegen). Vgl. Ld. 14,8 jâ erwirbet er ein staetes heil dâ mite, Sô des vil getelôsen gaehez heil zergât.

Die Erscheinung, die wir bei dô beobachtet haben, dass der Nebensatz den Inhalt des in diesem Falle immer vorangehenden Hauptsatzes genauer ausführend wiederholt, finden wir auch bei sô, gleich 'indem, dadurch dass'. Erec 2210 der (tôt) allez liep leidet So er liep von liebe scheidet. Iwein 4413 diu trügevreude ist ein niht, Diu sô mit listen geschiht, Sô der munt lachet Und daz herze krachet Vor leide und vor sorgen.

Einen abstrakten Substantivsatz vertritt der Satz mit sô Erec 5969 (die tôren) niht vertragen kunnen Sô ir dinc vil schône stât, er bildet hier das Objekt zu 'vertragen'. Subjektivisch ist er Iwein 6969 sô sî sich erkennent beide Daz waer in vür die leide Daz liebest und daz beste, und Büchl. II, 689 sô sî sô maneger êret . . 694 so ich von ir bin und er ir bî, Daz ist daz mir den schaden tuot.

Zusätze bei sô. — Zur Hervorhebung der schnellen Aufeinanderfolge der im Hauptsatz und Nebensatz geschilderten Vorgänge sehen wir bisweilen dem sô ein alsô schiere beigefügt, so Iwein 917 alsô schiere so er des gert. v. 6772 als schiere so im des tiuvels kneht Sînen rücke kêrte, Dô sluoc er ... Erec 8038 diu uns alsô schiere ân wer den lîp naemen, Sô wir dar kaemen.

Aehnlich wie dô tritt sô zu vorangehenden demonstrativischen Zeitbestimmungen in Beziehung Er. 7902 sô manege zîte sô. v. 2928 nû sô. v. 5903 hernâch sô. v. 7927 danne sô, und Greg. 1422. Bchl. I, 346 ê . . sô. (Schon in alter Zeit vertritt sô öfter das Relativ, vgl. Syntax Otfrieds von Erdmann I § 229).

Innerhalb des Nebensatzes sind zu erwähnen: nû Greg. 387, sît Greg. 913, danne Greg. 1366. Bchl. I 154 und 337. Von selbständigen Zeitbestimmungen hînte Greg. 2619. vor tage 2832.

Zur Hervorhebung der Wiederholung, welche sô Greg. 1410 und 2218 ausdrückt, ist demselben ein ie beigefügt, v. 1410 steht ie auch im Hauptsatz. — Und sô Er. 1774 5184. Greg. 1441. Iw. 1985. Bl. I, 829. II, 598.

Zusammengesetzten Nebensatz finden wir Erec 1882. 7796. Greg. 1423. Iwein 1327. 4413. Bchl. I, 154. 337. 695. Bchl. II, 598. 689.

Iw. 4413 diu trügefreude ist ein niht Diu sô mit listen geschiht Sô der munt lachet Und daz herze krachet, ist auf den Gegensatz, der zwischen den beiden Gliedern des Nebensatzes obwaltet, zu achten (Bchl. I, 371 ff.).

Zwei asyndetisch nebeneinander gereihte Nebensätze, von denen der zweite dem ersten untergeordnet ist, begegnen Büchl. II, 689 Sô sî sô maneger êret Und an ir minne kêret Sînen vlîz und manegen list . . 694 Sô ich von ir bin und er ir bî, Daz ist daz mir den schaden tuot[1]), und v. 528 Sô sî mîn aller beste phlac Und ouch ich mit ir begunde, Swes ich guotes kunde, Sô ich vlêgen wolte Und triuten als ich solte, Sô kom u. s. w. (Bech lässt in v. 529 das 'ich' weg).

Ueber die Fortsetzung des 'als schiere sô' Iwein 6772 durch 'daz' in v. 6774 daz in got sô gêrte (vgl. dô in got sô gêrte v. 2560), s. die Besprechung ähnlicher Fälle auf p. 34.

Zeitfolge in den Sätzen mit sô. Zur Schilderung von Vorgängen, die der Gegenwart angehören, finden wir bei Gleichzeitigkeit derselben in beiden Sätzen das praes. verwant: Erec 713. 1227. 1774. 1863. 2210. 3919. 5903. 5969. 7795. 7927. 8105. 10090. Greg. 387. 2832. arm. Heinr. 95. 110. Iw. 877. 917. 2474. 2706. 3099. 4414. Bchl. I, 154. 351. 695. Bchl. II, 65. 201. 346. 689. Ld. 14, 8. — Greg. 2832. Bchl. I, 897 u. 1333 steht im Hauptsatz der impv. — Conjunktivischen Nebensatz zeigen Bchl. II, 598 (conj. praes.) und Greg. 2621. Erec 5629. Bchl. I, 829 (conj. praet.) neben indicativischem Hauptsatz. Im Hauptsatz steht conj. praet. Iwein 6969 und Greg. 1539. Beide Sätze bieten wegen der Abhängigkeit von einem Tempus der Vergangenheit den conj. praet.: Greg. 3437. arm. Heinr. 533. 890. Iw. 1068. 1523; den conj. plpf. Greg. 800 sô siz ze hûse haeten brâht, Sô saehens mit gemache, der Nebensatz, der Hauptsatz den conj. praet.

---

[1]) Vgl. Walth. 115, 22 Als ich under wîlen zir gesitze, Sô sî mich mit ir reden lât, Sô benimt sî mir sô gar die witze.

Wenn von zukünftigen Dingen die Rede geht, so hat das praes. des Nebensatzes, bezw. bei Abhängigkeit auch der conj. praet. die Geltung eines Futurs, vgl. Erec 713. Greg. 2832 und 800. Bchl. I, 897. 1333.

Erec 7902 ie doch sô manege zîte Sô ich disen wec rîte, Sô ist mir boeslîch geschehen, ist im Hauptsatz perf. und im Nebensatz praes. anstatt, wie man erwarten sollte, ebenfalls perf. verwant, weil von den beiden in der Vergangenheit öfters nach einander stattgehabten Vorgängen der eine im Nebensatz geschilderte sich gegenwärtig wieder vollzieht.

Bei aufeinanderfolgenden Ereignissen zeigt sich auch zuweilen in beiden Sätzen das praes., im Nebensatz mit dem Sinne eines pf., vgl. Iwein 823 und 943 bevindent siz sô ez ergât, Des wirt danne guot rât; oder im Hauptsatze das praes. und im Nebensatze das pf., Iw. 3856 sô man aller beste gedienet hât Dem ungewissen manne Sô hüeter sich danne, und v. 1986 und sô ich hin vertriben bin, Sô nemt durch got in iuwern muot, wo das pf. neben dem impv. des Hauptsatzes den Wert eines fut. II hat, vgl. Greg. 800.

Für die vergangene Zeit finden wir bei Gleichzeitigkeit der Ereignisse beiderseits praet. s. Erec 5184. 5241. Greg. 709. 1410. 1413. 1422. 1441. 2218. Iwein 1327. 1338. Bchl. II, 528. 541. Auch bei zeitlicher Verschiedenheit Iw. 6772. Erec 2142. Bei nû auf p. 22 ist das pf. des Nebensatzes Erec 2928 bereits zur Sprache gekommen. — Der Gebrauch von Temporibus der Vergangenheit ist demnach bei sô verhältnismässig selten und beschränkt sich auf die Stellen, wo es rein temporale Beziehung oder die Wiederholung von Vorgängen zum Ausdruck bringt.

Stellung der Sätze. — Die Voranstellung des Nebensatzes ist auch bei sô die Regel, sehr häufig wird aber aus denselben Gründen der Betonung und des besseren Anschlusses wie bei dô die Nachstellung vorgezogen. Sie findet statt Erec 1227. 1863. 1879. 2140. 2210. 5241. 5903. 5969. 7794. 8038. 8105. 8150. 10088. Greg. 709. 912. 1422. 1539. 2619. 2832. Arm. Heinr. 95 und 110. Iwein 877.

943. 1338. 1523. 2474. 2706. 3099. 4414. Bchl. I, 269. 346. II, 201.

Der nachfolgende Hauptsatz wird in der Regel, wie der Nachsatz der rein vergleichenden Sätze mit sô, durch adverbiales sô eingeleitet, welches dadurch die Bedeutung einer temporalen Partikel erlangt und gleichwertig einem dô oder nû an der Spitze selbständiger Sätze erscheint, vgl. Erec 8489. Iw. 1341. 4071 u. ö. Es dient zur Einführung des Hauptsatzes Erec 1776. 3920. 5621. 7903. Greg. 801. 1368. 1412. 1428. 1443. 2219. 3438. Iwein 823 (zehant sô) 1071. 1329. 1987. 3858. 7390. Bchl. 1, 157. 341. 356 (sô.. in kurzer vrist) sô.. danne 697. 832. 898. II, 65 (dêswâr sô). 533. 543.

Nach dem nû sô Erec 2928 und nach dem alsô schiere sô Iwein 6772 steht im Hauptsatze das demonstrative dô, in der Iweinstelle in Verbindung mit dem Ausdruck 'in kurzen stunden' zur Hervorhebung des schnellen Eintretens der Handlung.

Durch ein auf den Inhalt des Nebensatzes hinweisendes Demonstrativ ist Iwein 6970 und Büchl. II, 695 (daz im nom.), Büchl. I, 1333 (daz im acc.) die Beziehung vermittelt.

Der Beziehungsausdruck auf den Nebensatz fehlt im nachfolgenden Hauptsatze nur in den Fällen, wo das Vortreten einer andern Beziehung hinderlich war, wie Greg. 390 und 2622 daz. Greg. 1414 und Erec 713 wie.

Iwein 918 erschwert die negative beschränkende Construktion das Vortreten einer Partikel und Büchl. II, 603 das auffordernde nû.

Gewissermassen zwei Hauptsätze zu einem Nebensatz finden sich Greg. 1421 ff. Mînen gedanken wart nie baz Danne sô ich z'orso gesaz.... 1425 Sô liez ich schenkel vliegen, ein vorangehender in v. 1421 und ein mit adverbialem sô nachfolgender in v. 1425, vgl. die gleichgebauten Perioden v. 1410 ff. und 1413 ff. Einen ähnlichen Fall würde Büchl. I, 356 nach der Art, wie Bech interpungirt, bieten. Haupt nimt v. 353—360 in eine Periode zusammen und das scheint mir das allein Richtige zu sein, da v. 363

bis 373 auf beide Teile des Gleichnisses sich beziehen, die durch Bech in ihrer Zusammengehörigkeit eine unangeneme Lockerung erleiden.

Anstatt des vergleichenden sô nach alsô schiere, dem wir in den oben erwähnten Beispielen Iwein 917. 6772. Erec 8039 begegneten, ist Erec 4542 als schiere und er diu maere Vernam wer er waere, Sîn sitzen wart vil unlanc, das ebenfalls in relativischer Verwendung verkommende unde (vgl. engegen und Erec 427. dâ mit und Erec 900. danne und Erec 1878. dâ wider und Erec 4271) gebraucht.

Meist fehlt der Beziehungsausdruck zwischen dem ursprünglich zum Hauptsatz gehörigen alsô schiere und dem darauf bezüglichen Satze und es steht dann selbst als Conjunktion, vgl. Erec 470. 2539. 3384. 4896. 4921. 9756. Greg. 1948 und wol auch 2973 (nach der Hd. A, Bech und Paul lesen mit den Hdd. G und E alsô schiere daz). Iwein 3109 vgl. Erec 2550 nie sô schiere sô daz (Trist. 442,33. 458,11. Herbort 18011), Gleichbedeutend mit alsô schiere sô ist swie schiere, Erec 157 swie schiere er wider kaeme, Sô waeren si im entriten gar, v. 2943 swie schiere man die tische ûf zôch, Mit sînem wîbe er dô flôch. Iwein 3850 . . . . swie schiere des wurmes tôt ergienge, Der leu bestüend in zehant. swie schiere mit daz erscheint Erec 3091 swie schiere daz sî kaemen, Daz in daz ezzen waere bereit. Im Uebrigen vgl. die Besprechung der mit alsô eingeleiteten Temporalsätze.

Gregor 2809 Swie wir daz erringen Daz wir dich darbringen, Dâ maht dû dich mit swaeren tagen Dîner sünde wol beclagen ist swie allein als temporale Conjunktion verwertet in demselben hypothetisch-temporalen Sinne bei einem noch bevorstehenden Ereignis (in beiden Sätzen praes. ind.), welchen wir oben bei sô festgestellt haben. Das swie als Indefinitum zu erklären lässt der Zusammenhang der Stelle nicht zu, und Zweifel an der richtigen Ueberlieferung schliesst die Uebereinstimmung der Hdd. aus. — Die temporale Verwendung der comparativen Partikel swie kann bei der gleichzeitigen von sô und alsô nicht befremden, nur ist sie in dieser Zeitperiode noch selten zu nennen [1]).

§ 4. Sätze mit der Conjunktion alsô.

Alsô (alse als) ist durch al verstärktes sô und bezeichnet wie dieses ursprünglich die vergleichende Beziehung zweier Sätze zu einander, dann dient es ebenfalls dazu Ereignisse in Bezug auf ihre Eintrittszeiten zu vergleichen und entwickelt sich so zur temporalen Conjunktion.

Alsô komt bei Hartman in zweierlei Bedeutung zur Verwendung. Einmal in rein temporaler zur Verknüpfung zeitlich zusammentreffender oder aufeinanderfolgender Vorgänge der Vergangenheit, etwa gleichwertig mit dô. Von dô unterscheidet sich alsô hauptsächlich dadurch, dass es vornemlich das Eintreten der Ereignisse hervorhebt und darum in den Sätzen, welche das Fortdauern eines Zustandes oder eine längere Zeit währende Handlung schildern, weniger häufig als dô auftritt. Dagegen finden wir es sehr oft mit dem praet. eines Verbs der Wahrnemung oder Mitteilung: gesach gehôrte gelas gesagte gesprach, durch welches nur Handlungen von sehr kurzer Zeitdauer bezeichnet werden.

Die andere Bedeutung von alsô ist die hypothetisch-temporale. Es zeigt sich in derselben nur bei Vorgängen, die der Gegenwart angehören oder noch bevorstehen, und ist nhd. wiederzugeben mit 'wenn, sobald'. In dieser Verwendung ist es viel seltener als in der rein temporalen.

Als zum Ausdruck der Wiederholung dienend könte alsô aufgefasst werden Erec 2146: Alsô sî des verdrôz Sô was

---

[1]) Ein zweites Beispiel für das temporal gebrauchte swie steht mir zur Verfügung aus Konrad Fleckes Flore und Blanscheflur 3756 ff.: Jâ weistû rehte alsam den tôt Daz dich nieman ennert, Swie der amiral ervert Daz dû Blanscheflûr suochest. Später komt es häufiger als temporale Conjunktion vor, namentlich dann in der Form wie (so noch heute). Ein Beispiel für temporales wie findet sich bereits im Tristan Gottfrieds 183, 26 Wie dô die wâren besant, Die leiten allen ir sin Mit arzâtlîchem liste an in (Fragend ist 'wie dô' in den von Lexer citirten Stellen Trist. 132, 27. 175, 17. 178, 31 und g Gerh. 2387).

ir freude sus grôz, wenn man den vorhergehenden Satz mit sô v. 2143—2144 vergleicht und v. 2192—2195 [1]).

Die einzelnen Dichtungen Hartmans weichen bezüglich des Gebrauchs von als in temporalem Sinne bedeutend von einander ab.

Im Erec finden sich 139 Belege für als, darunter sind 7 Fälle mit alsô schiere und 5 mit hypothetisch-temporalem als, es kommen also auf 1000 Verse etwa 14 Beispiele.

In v. 4017 scheint mir Haupt, dagegen in v. 4716 Bech das Richtige zu haben. — Erec 6064 (sî) zôch ez ûz der scheide Als sî sich vor leide mit im wolde erstechen, und v. 6113 ff., ferner Iwein 4822 sind den temporalen Beispielen nicht anzureihen, sondern als ist wie in v. 4775 in ursprünglichem vergleichendem Sinne gebraucht (etwa zu übersetzen: ganz so wie in der Absicht).

Im Gregor komt alsô nur in rein temporaler Bedeutung vor, aber nur an 16 Stellen, 2 davon zeigen alsô schiere. Etwa 4 Fälle in 1000 Versen.

Im arm. Heinrich erscheint alsô gar nicht, im ersten Büchl. einmal in rein temporalem, ein zweites Mal und einmal im zweiten Büchl. in hypothetisch-temporalem Sinne.

Im Iwein tritt alsô 20 mal auf. An einer Stelle ist es hypothetisch-temporal, einmal ist als schiere gebraucht. Es kommen hier etwa 2 oder 3 Fälle auf je 1000 Verse.

Nach dieser Aufstellung verhalten sich Erec, Gregor und Iwein bezüglich der Verwendung von alsô wie 14 : 4 : 2 ^{1}/$_2$. Demnach ist der Abstand hierin zwischen Erec einerseits, und Gregor und Iwein andrerseits ein sehr bedeutender, und auch im Iwein ist gegenüber dem Gregor eine merkliche Abname eingetreten. An die Stelle des schwindenden alsô tritt wieder das von demselben verdrängte dô ein, und so komt es, dass die drei Hauptwerke Hartmans in Bezug auf den Gebrauch von dô und alsô untereinander im umgekehrten Verhältnis stehen. Namentlich gilt dies für den Erec und

---

[1]) Trist. 431, 12. 291, 2 als. 87, 2. 309, 2 als ofte als. 340, 28 als ofte sô. 157, 9 als ofte. 291, 13 als dicke als. Walther 54, 16 swie dicke sô und 38, 3. 66, 11. 121, 28 swie dicke.

Gregor. Vergl. ausserdem das hierüber bei dô auf p. 4 Erörterte.

Zusätze bei alsô. Zur Hervorhebung der schnellen Aufeinanderfolge der Ereignisse findet sich Erec 6978 io mitten[1]): ich schîne ie mitten ûf der vart Als ez mir gesaget wart. Sodann vil kûme Erec 2413 Alsô dô für kam Vil kûme mitter tac. — Vgl. Erec 4144 zerbrach ez dâ zehant, Als.

Innerhalb des Nebensatzes mit alsô treten ferner wie bei dô häufig temporale Partikeln auf, die auf Vorausgehendes hinweisen. Am zahlreichsten ist das demonstrative dô in dieser Verwendung anzutreffen. Wir begegnen demselben unmittelbar nach dem alsô: Erec 2413. 3400. 3906. 8817. 9487, meist steht mindestens das Subjekt zwischen als und dô: Erec 824. 1484. 1708. 2870. 3312. 3475. 3556. 3580. 3948. 3998. 4257. 4378. 4846. 4906. 5270. 5335. 6359. 6377. 6608. 7084. 7113. 7237. 9481. 9628. Im zweiten Teile eines zusammengesetzten Nebensatzes Erec 2360. Im Gregor findet sich dô nach alsô gar nicht und im Iwein nur ein einziges Mal, in v. 4825.

Nû erscheint zweimal, Erec 716 (im temporal-hypothetischen Satz) und 8060, ein anderer temporaler Ausdruck zuo den stunden Erec 1020. sît Erec 9912 bezieht sich auf folgendes unz.

Morgen, Erec 2487 Morgen alsez tagte, Erec ûf mahte sich, ist ebenso wie in den bei dô zur Sprache gekommenen Fällen im Sinne von postridie aufzufassen. Ein ähnliches Verhältnis wie hier zwischen morgen und als, besteht zwischen dô und als Iwein 638 ff. do erlasch diu sunne diu ê schein, Und zergienc der vogelsanc Als s ein swarz weter twanc.

Wenn der Satz mit alsô den Anfang einer neuen Periode bildet, wird sehr häufig 'und alsô' geschrieben vgl. Erec 74. 913. 935. 1020. 1866. 2358. 2424. 4168. 4588. 4720. 4908. 5498. 6150. 6560. 7409. 7433. 7822. 8057. 8065. 9522. 9912, 22 mal. Greg. 251. 507. 868. 1675. 2309. 3025. 3486 und Iwein 286. 294. 1051. 2411. 3245. 3944. 6687, je 7 mal.

---

[1]) also schiere als Trist. 139, 22. En. 334, 26.

Zusammengesetzten Nebensatz treffen wir bei alsô ziemlich häufig an: Erec 270. 1708. 1717. 2358 (innerhalb des zweiten Teils dô). 2630. 3400. 3556. 3803. 3826. 4044. 4614. 5270. 7405. 8065. 8817. 8836. Greg. 1817. Die einzelnen Teile sind durch 'und' verbunden, und wenn sie gleiches Subjekt haben, ist dasselbe nur im ersten Teile ausgedrückt, vgl. Erec 1708. 2630. 3556 u. a., beidemal dasselbe Pronomen ist gesetzt Erec 270. 1870, im ersten Teil steht ein Substantivum und im zweiten dafür das Pronomen Erec 3400. 7405.

Doppelten Nebensatz in der Form 'als .. und als ..' mit einem gemeinschaftlichen Hauptsatz finden wir bei Hartman nicht, indem alsô entweder im ersten oder im zweiten Teile durch dô ersetzt wird, vgl. Iwein 2403—2411 dô .. und dô .. und alsô, und v. 3930 als .. und dô. (Vergl. auch Erec 9487. 4937. Greg. 3027, wo Sätze mit alsô und dô asyndetisch zusammengestellt sind.)

Zwei asyndetische Sätze mit als, von denen der eine dem andern untergeordnet ist, treten uns Erec 3312 ff. entgegen, als er dô disen nâhen kam, Als sîn der eine war genam, .. 3316 sîns zuorîtens was er frô, und v. 5730 ff.[1]) als sich der halptôte man Zuo neigen began, Als er erbeizen wolde, .. 5734 Dô was er sô betoubet. In v. 3312 ist der erste vom zweiten und in v. 5730 umgekehrt der zweite vom ersten abhängig. — Anders ist das Verhältnis Erec 4932 dô unser friut Keiîn .. daz ros .. wider brâhte .. 4937 Als er daz maere het geseit, Dô nam uns wunder, und v. 9487 als dô mîn friundinne Und ich ze tische sâzen Dô wir wol halp gâzen, Do begreif sî mich sus verre, und Greg. 3025 unde als sî getâten Als sî vernomen hâten Dô einer sîne rede gesprach Und der ander mite jach, Do geloubten Rômaere, wo dô mit als wechselt. Der dôsatz ist hier nicht dem alssatz (bzw. umgekehrt Erec 4932) untergeordnet, sondern steht demselben syntaktisch gleich und enthält nur eine genauere Schilderung des Tatbestandes; der Hauptsatz gehört zu beiden gleichmässig.

---

[1]) Vielleicht ist als er erbeizen wolde in v. 5732 ebenso vergleichend aufzufassen wie die Beispiele auf p. 31.

Hierbei ist Iwein 6772 in Betracht zu ziehen: Als schiere so in des tiuvels kneht Sînen rücke kêrte Daz in got sô gêrte, Dô sluoc er. Lachmann macht bereits in den Anmerkungen zu Iwein p. 526 auf diese Stelle aufmerksam und vergleicht sie mit den ähnlichen Iw. 2558 und Greg. 20 (s. bei dô auf p. 11). Darnach hält auch er 'daz' in v. 6774 für einen Vertreter von dô. 'daz' ist hier abweichend von dem in den übrigen gleich zu citirenden Beispielen herrschenden Gebrauche nicht mit 'und' verbunden. Die Fortsetzung des als geschieht ferner anstatt durch 'dô' durch 'daz', Erec 2630 als er gejustierte genuoc Und mit dem swerte gesluoc Und daz er muoden began, Durch ruowe entweich er (Bech conjicirt in v. 2632 unz daz). Dass dieses daz gerade dô und nicht als vertritt, ergibt der Vergleich mit der im Mhd. Wrtb. von Müller-Benecke angeführten Stelle p. 321,46, Wigal. 6485 Dô er sus an dem tôde lac Und daz sîn leben zum tôde wac, der noch an die Seite zu setzen sind En. 63, 29. Dô ez alsô was komen, Als ir wole habet vernomen, Und daz sî solden rîten, Dô was etc., und En. 63, 40 Dô ez wider weter wart Und daz der regen vore quam, Under sîn arme her sî nam Und huob sin daz gereite, wo überall daz nach vorausgehendem dô eingetreten ist.

Zeitfolge in den Sätzen mit als. — Bei dem rein temporalen als, das zusammentreffende oder aufeinanderfolgende Ereignisse verbindet, ist die Zeitfolge eine sehr regelmässige und gleichförmige.

Bei Gleichzeitigkeit wie bei Aufeinanderfolge steht in beiden Sätzen der ind. praet., im letzteren Falle im Nebensatz mit plusquamperfektischem Sinn. Erec 109. 456. 470. 474 u. ö. Iw. 294. 2411 u. ö., zu dessen stärkerer Hervorhebung häufig das Präfix ge- hinzugesetzt wird, vgl. gesagte Erec 456. genam 798. 3580. 4044. gesâhen 2424. gesach 4378. 4720. 5518. gejustierte genuoc, gesluoc 2630. gesaz 2634. 3752. gebant 2638. gnuoc âzen gesâzen 3556. 4614. gebâte 3659. gereit 4257. gesâzen 8189. gesande 10054. Greg. gesach 253. 2612. gelas 869. 2309. getâten 3025. geneic Iwein 3944. gevienc 6128.

Daneben ist das eigentliche plpf. im Nebensatz nicht selten: Erec 304. 1018. 2691. 3034. 3948. 4320. 4937. 5662. 6359. 8311. 9903. Greg. 1695. Iwein 1051.

Im Hauptsatz steht der conj. praet. Iwein 789, weil der Satz hypothetischen Sinn hat. Beide Sätze zeigen den conj., weil sie in indirekter Rede stehen Iw. 3850. Erec 157 und 3091 (Fälle mit swie schiere).

Zweimal komt bei als der Fall vor, dass das Ereignis des Hauptsatzes dem des Nebensatzes vorangeht. Da ist im Hauptsatze das plpf. und im Nebensatze das praet. gebraucht, Erec 2539 wande als schiere er in kam, Dô wâren se alle ûz komen, und 3570 als Erec den sige gewan, Dô hete den gevangen man Daz ros in den walt getragen.

In den Fällen, wo der Nebensatz zusammengesetzt ist, finden wir in seinen Teilen entweder der Handlung des Hauptsatzes gleichzeitige Ereignisse geschildert Erec 2358. 3803, oder zusammen Erec 270. 2630. 3826, oder nacheinander Erec 3400. 3556. 4614 derselben vorausgehende.

Das hypothetisch-temporale alsô komt nur mit Temporibus der Gegenwart vor. Der ind. praes. steht in beiden Sätzen Erec 716 als ich in nû gesige an, Des ich nie zwîvel gewan, Alsô stêt hin ziu mîn muot, wo das praes. des Nebensatzes futurischen Sinn hat. Rein präsentisch sind Erec 1717. 4017. Bchl. II, 473. Iwein 1246.

Der conj. praet. steht als Ausdruck der Unwirklichkeit Erec 3804 als ez diu werlt vernaeme Und iz ir für kaeme, Sô waere ez niuwan ir spot.

Erec 1866 und als ez im erzeiget wirt, Swaz ers dâ für mêre enbirt etc., und Bchl. I, 503 als er denne schaden getuot, Sô lêret in sîn karger muot, hat das praes. den Sinn eines pf., was in der zweiten Stelle durch das Präfix ge- -angedeutet ist.

Der Hauptsatz der Perioden mit alsô. Der Hauptsatz folgt mit wenigen Ausnamen nach. Die Abweichungen von der regelmässigen Stellung sind weit sparsamer als bei dô, verdanken aber ihr Vorkommen denselben Ursachen wie dort, vgl. Erec 3672. 3752. 4006. 4144. Iwein 641. 789. 1248. 4668. 6128.

Der Hauptsatz wird bei voraufgehendem Nebensatz meist eingeleitet durch dô. Im Erec in 23 Fällen, in v. 274. 457. 952. 1831. 2540. 2872. 3476. 3582. 4848. 4938. 5249. 5571. 5734. 5872. 6152. 6562. 7239. 7411. 8821. 9298. 9317. 9483. 9490. — Im Greg. in v. 1823. 2313. 3029. — Im Iwein in v. 295. 1053. 3110. 3596. 3933. 6692. — Bchl. I, 1678.

Nû finden wir im Erec an 15 Stellen, in v. 2197. 2692. 4260. 4321. 5430. 6703. 6763. 7085. 7114. 8190. 8294. 9388. 9632. 9701. Im Iwein in v. 288 und 3246.

Nû und dô erscheint Erec 9701 nû begundes dô erscheinen Ein wîplîch gemüete, vgl. arm. Heinr. 990.

Sô wird nur nach hypothetisch-temporalem alsô zur Einleitung verwant: Erec 1721. 3806. 4018. — Mit danne (s. Iwein 3858) Bchl. II, 474. Bchl. I, 504. Erec 157 nach swie schiere.

Erec 4046 nâch ungevüegem gruoze Sô stiez er mit dem fuoze Die türe daz sî zerbrach ist sô als ein die Intensität des 'stiez' hervorhebendes Demonstrativ zu 'daz' gehörig aufzufassen, und Iwein 3268 sô teter sam die tôren tuont ist sô mit dem folgenden sam in Beziehung zu bringen, und Erec 2147 mit v. 2148—2155. Erec 4909 und 6609 ist einleitendes zehant zu erwähnen.

Neben der einleitenden Partikel wird innerhalb des Hauptsatzes gern noch ein zweiter temporaler Ausdruck mit Beziehung auf den Nebensatz gesetzt, so dô Erec 9701 neben nû. Vgl. Erec 2492 nû .. zehant, 4321 nû .. alsô drâte .. 5870 dô .. von êrste, anders dô êrste Greg. 1823.

Häufig fehlt die Temporalpartikel an der Spitze des Hauptsatzes und es findet sich nur innerhalb ein temporaler Ausdruck: dô Erec 915. 1208. 8661. 9919 und 2949 (swie schiere). sâ Erec 2413. zehant Erec 2639. 3999. Iw. 8312 -(und 3853). danne Erec 719.

Nicht temporale, aber auf den Inhalt des Nebensatzes Bezug nemende Demonstrativa treten an die Spitze des Hauptsatzes, als Subjekt in der Form von 'daz': Erec 937. 5500. 7823. 9904. Iwein 4826. ditz Erec 5273 und 9940. — Das Objekt bildet 'daz', das Objekt des Nebensatzes aufnemend,

Greg. 873. — Der gen. des Demonstrativs 'des' ist auch hier besonders bei den Verben der Affekte anzutreffen (vgl. dô): Erec 3002. 4986. 5303 (innerhalb). Iw. 3536.

Andere Demonstrativformen sind an der Spitze des Hauptsatzes verwant: dâ von Erec 1868, dâ... von Erec 5606. dâ Erec 4907. 8062. hie mite 8312. Innerhalb dar an Erec 5039.

Wenn der Beziehungsausdruck den Hauptsatz begint, so zeigt derselbe ausser bei zehant, welches noch nicht die Geltung eines blossen Adverbs hat (vgl. Erec 4909 zehant er in nande, und 6609 zehant er sî erkande —) die invertirte Wortstellung. Steht derselbe innerhalb, so ist die Inversion meist nicht vollzogen, s. Erec 915. 1208. 3662. Greg. 1676.

Der bei weitem grössere Teil der Sätze mit alsô im Erec und Gregor zeigt im nachfolgenden Hauptsatz keinen einleitenden Beziehungsausdruck, im Erec ca. 74, im Gregor 12, also zwei Drittel bezw. drei Viertel der Gesamtzahl aller Beispiele; im Iwein ist es nur ein Drittel (5 : 11, da fünf von den 21 Stellen den Hauptsatz voranstehend haben). Gewöhnlich begint dann das Subjekt den Hauptsatz, die Inversion wird also unterlassen:

im Erec an 36 Stellen: in v. 77. 305. 475. 671. 800. 1022. 1284. 1401. 1455. 1486. 1711. 2415. 2488. 2502. 2635. 2639. 3035. 3403. 3504. 3558. 3627. 3660. 3828. 4122. 4544. 4616. 4898. 4922. 5039. 5303. 5601. 7007. 7435. 8838. 9762 und 2949 nach swie schiere —

im Gregor 5 mal: in v. 254. 1950. 1696. 2614. 2974 —

im Iwein: in v. 703. 3945. 4433 und 3851 nach swie schiere.

Häufig tritt ein Adverb oder ein anderes Satzglied anstatt des Subjekts an den Anfang des Satzes, nach welchem die regelmässige Wortstellung entweder beibehalten wird, wie Erec 110. 471. 915. 1208. 3385. 3662. 3724. 3907. 4169. 4380. 4718. 4723. 5019. 5663. 6143. 6378. 7895. 9533; Gregor 62. 508. 1125. 1676. 1931. 3330; Iwein 2413 — oder invertirt wird, wie Erec 718. 826. 851. 2425. 2633. 3218. 3316. 3840. 3949. 3999. 4046. 4589. 5337. 5521. 6360. 6615. 7408. 9219. 10055; Greg. 3487.

Zweimal im Erec fehlt der leicht zu ergänzende Hauptsatz 'er sprach' zu v. 4324 ff. und v. 4816 ff.

Von den auch bei 'als' nicht selten vorkommenden zusammengesetzten Hauptsätzen gilt das über diese bei der Conjunktion dô auf p. 20 Gesagte.

Bezugname auf den Nebensatz oder den Hauptsatz der Periode mit 'als' geschieht in darauf folgenden selbständigen Sätzen vermittels 'nû' in Erec 4001. 4303. 5274. 5501. 9905. 'dô' Erec 3505. 4987. 5524. 9483 u. ö. 'zehant' Erec 3053. alsô balde' Erec 4670.

§ 5. Sätze mit der Conjunktion swenne.

Swenne ist das Indefinitum zu wenne (wanne), einer Partikel der direkten und indirekten temporalen Frage, nhd. 'wann, wenn'. wenne erscheint bei Hartman selten, es findet sich als direktes Fragewort Iwein 2118 sage, wenne mag ich in gesehn? und v. 2259 wenne wurdet ir ein stumbe? und Erec 4355 wenne wurde in lasters buoz?

In abhängigen Fragesätzen findet es sich: Erec 676 nû nâmen se albesunder war Wenn Idêrs fil Niut dar Mit sîner âmîen kaeme, ferner Erec 1501. 4031. 8682. 10002. Bchl. I, 537.

In dem stets vorangehenden Hauptsatze begegnen wir Erec 1504 und 10003 den temporalen Ausdrücken 'die zît' im acc. und 'der tac und diu stunt' im nom., Erec 4030 und 8682 demonstrativem 'dar an' und 'des', zu denen wenne in Beziehung stehend relativische Geltung gewint.

Erec 1504 und 10003 folgt auf wenne der ind. praet.; an den übrigen Stellen sehen wir den conj. gebraucht:

des praes. Bchl. I, 537 daz ich sô vil niht wizzen mac Wenn es sî naht oder tac;

des praet. Erec 676. 4031. 8682.

Aus diesem wenne und dem indefinirenden sô ist swenne (sô wenne sô, sô wenne) entstanden. Es zeigt in der Bedeutung und Verwendung grosse Aehnlichkeit mit wenne — vgl. Erec 676 (s. oben) und 8682 die (liute) des biten Wenn er kaeme geriten, mit Gregor 1915 daz er des war naeme Swenne er wider kaeme — und besonders mit sô, vgl. arm. Heinr. 533 ff. wan ein vorhte tete ir wê, Sô siz ir herren sagte, Daz er daran verzagte Und swenne siz in allen drin Getaete kunt u. s. w., wo swenne die Fortsetzung von sô bildet, und Gregor 2924 swenn ich den slüzzel funden hân Sô bist dû âne sünde, mit v. 3436 der sprach niht mê Wan sô er in fünde Sô waere ich âne sünde, wo swenne mit sô bei ziemlich gleichbleibendem Sinne abwechselt. — Es wird also swenne in hypothetisch-temporalem Sinne verwant bei gegenwärtigen oder noch bevorstehenden Ereignissen, gleich 'wenn, sobald'.

In rein hypothetischer Bedeutung komt swenne bei Hartman noch nicht vor, es hebt vielmehr im Gegensatz zu hypothetischem 'ob' das temporale Verhältnis der Handlungen heraus, Iwein 4748 ff. ob ir des gewis sît Daz uns der rise kume vruo, Swenn ich mîn reht getuo Daz ich im an gesige Ob ich vor im niht tôt gelige, Daz ich umbe den mitten tac Dannoch hin komen mac, und Erec 7377 ff.

Swenne findet sich dann auch bei Vorgängen der Vergangenheit, indem es ihr wiederholtes Eintreten, wobei einer den andern bedingt, schildert, vgl. Erec 9175 swenne ers iender an sach, Ir schoene gap im niuwe kraft, und v. 9785 swenn er dar an gedâhte, So entweich im aller sîn muot, ferner v. 5167. Greg. 1806. 2133. Bchl. II, 583.

Zur Bezeichnung der einmaligen Aufeinanderfolge zweier der Vergangenheit angehöriger Ereignisse ist swenne, Greg. 2678 swenne dich unser herre Dîner saelden ermante Und dir sînen boten sante Den soldest dû enphâhen baz, benutzt, aber in verallgemeinernder gnomischer Bedeutung, nicht völlig gleichartig dem sô auf p. 24.

Swenne zeigt sich bei Hartman im ganzen 64 mal, wozu die Ld. und Bchl. mit 16 Beispielen nicht weniger als den vierten Teil beitragen. Das beruht, wie auch das häufige Vorkommen von sô und, wie wir später sehen werden, von sît, auf dem Wesen ihres Inhalts.[1]

Von temporalen Zusätzen zu swenne ist zweimal eingefügtes danne zu erwähnen, Iwein 3553 und vielleicht Erec 9175, wenn mit Bech die Lesart der Handschrift soweit auf-

---

[1] Im Tristan begegnen wir dem swenne an 31 Stellen, in der Eneide an 21, bei Walther dagegen an 22.

recht zu erhalten ist, Haupt liest ers iender'. Greg. 1298 steht innerhalb 'dar nâch'.

Das dem Nebensatz vorausgehende 'vruo ze selher zît' Iwein 4795 steht in keiner Beziehung zu swenne, 'daz' ist in v. 4797 von dem Ausdrucke abhängig gemacht, cf. v. 4749. Demonstrative Ausdrücke dem Nebensatze voranstehend geben demselben häufig den Wert eines abstrakten Substantivsatzes mit 'daz' oder 'ob', vgl. Erec 7163 wer solt im aber daz enblanden, swenn er möhte .. schouwen. Erec 9330 wan dâ ergienge ein wunder an Swenne sich der ober man Müeste dem undern ergeben. Greg. 1915 (vgl. Erec 8682). Bchl. I, 409 wan ez dir schaden beginnet Swenn dir mîn zerinnet. Bchl. II, 794 swenne sî der minne Von ir schulden verkür Daz wizze daz sî dran verlür, mit darauffolgendem dran.

'Des' Erec 8252 und Iwein 378 bezieht sich auf den dazsatz in v. 8455 bezw. 380, welcher den Hauptsatz zu dem Satze mit swenne bildet.

'Und swenne' finden wir Iwein 4227 und 7061. Dagegen verbindet 'und' Iwein 2092 und Erec 7381 zwei dazsätze, deren zweitem der Satz mit swenne untergeordnet ist.

Häufig steht swenne nicht am Anfang des Verses, vgl. Erec 541. 2531. 9528. 7381. Iwein 1466. 7817. 2092. Bchl. I, 293. 883. 1037. II, 583. Ld. 15, 10.

Zusammengesetzter Nebensatz begegnet Iwein 627 .. swenner ûf gât Und in des luftes trüebe lât, wo die beiden Teile gleichzeitige, und 7061 und swennern überwindet Und dâ nâch bevindet, wo sie aufeinanderfolgende Ereignisse enthalten.

Zeitfolge in den Sätzen mit swenne. Nach dem swenne mit hypothetisch-temporalem Sinne steht in beiden Sätzen der ind. praes. Erec 541. 5690 (Hauptsatz impv.). 8452. 8868. 9788. 2531 (Hauptsatz conj. adh. praes.). Greg. 1296. 1858. Iwein 933. 1466. 1770. 2092. 2170. 4658. 4750. 4796. 6627. 7061. 7816. 7996. arm. Heinr. 601. Bchl. I, 293. 368. 409. 840. 883 (Hauptsatz conj. adh. praes.). arm. Heinr. 579 und Iwein 626 (conj. pot. praet.).

Bei bevorstehenden Ereignissen hat das praes. des Nebensatzes den Sinn eines Futurum, so Erec 5690 swenne ir kumet in daz lant Sô nemt iur friundîn an die hant, ferner vgl. v. 8452. Greg. 1296. Iwein 2170.

Iwein 4795 ff. kumt er vruo ze selher zît, Swenne sich endet der strît, Daz ich umbe mitten tac Ir ze helfe komen mac .. 4800 Sô wil ich in durch iuch bestân, und v. 4750 (s. p. 39) hat das an Stelle eines pf. gebrauchte praes. des Nebensatzes die Geltung eines Fut. II.

Das pf. selbst ist gebraucht, in futurischem Sinne: Greg. 2924 swenn ich den slüzzel funden hân, Sô bist dû .., und Iwein 4227 und swenn ich iuch erloeset hân, Sô sol ich ..; in rein perfektischem: Bchl. II, 619 ez mac im zem boesen komen Swenn er dez beste hât genomen.

Iwein 3553 swenner danne erwachet, Sô hâstû in gemachet Zeime tôren als ich, geht das mit dem pf. wiedergegebene Ereignis des Hauptsatzes dem des Nebensatzes, der praes. zeigt, voraus.

Wenn die Periode mit swenne in abhängiger Rede sich befindet, so treffen wir im Hauptsatz und Nebensatz den conj., Den conj. praes. nach einem praes. Iw. 4492,

Den conj. praet. nach einem praet. Erec 195. 1470. 6372. Greg. 1915. Iwein 379. 5129. arm. Heinr. 535. Erec 6743 (Hauptsatz von einem Infinitivsatz gebildet).

In beiden Sätzen steht der conj. praet. zum Ausdruck der reinen Vorstellung von Ereignissen, deren Zeit noch nicht vorüber ist, Bchl. I, 213. II, 268. 791. Potential sind beide Erec 7163 wer solt' im ab daz enblanden Swenn er möhte schouwen.

Mit Temporibus der Vergangenheit im ind. tritt swenne nur auf in den Fällen, wo es die Wiederholung ausdrückt. An den bei Hartmann für diese Bedeutung aufzufindenden Stellen steht der ind. praet. in beiden Sätzen, vgl. Erec 5167. 7158. 7441. 9022. 9175. 9785. Greg. 1806. 2133. Iwein 23. 7185. Bchl. II, 583.

Ferner ist noch mit ind. praet. im Hauptsatz und im Nebensatz Greg. 2678 anzuführen, wo swenne sich in verallgemeinernder Bedeutung zeigt. Der Satz spricht eine Erfahrung aus, die sich auf ein vergangenes Ereignis stützt, aber dauernde Geltung behält. Im nhd. könte hier auch in beiden Sätzen der ind. praes. verwant werden.

Der Hauptsatz pflegt auch bei swenne dem Nebensatze zu folgen, so Erec 1470. 5167. 5690. 7158. 7441. 8868. 9022. 9175. — Gregor 1298. 1806. 1857. 2133. 2678. 2924. — arm. Heinr. 535. 579. 601. — Iwein 23. 379. 1770. 2092. 3553. 4227. 4493. 4750. 4796. 5129. 6627. 7060. 7184. 7996. — Bchl. I, 213. 293. 368. 883. II, 583. 794, zusammen 37 von 64 Fällen.

Der Hauptsatz geht voran in Erec 195. 2531. 6372. 6740. 7163. 9022. 9330. 9528. 9788. — Greg. 1915. — Iwein 626. 1466. 2170. 4658. 6627. 7816. — Bchl. I, 105. 409. 840. 1037 — II 868. 618. Ld. 13,13. 15,10. 12,6.

Erec 541 und Iwein 933 ist der Nebensatz in den Hauptsatz eingeschoben. Vgl. Erec 7381 und Iwein 2092.

Häufig ist der Hauptsatz selbst dann, wenn er zu dem vorausgehenden Satze im Abhängigkeitsverhältnis steht, nachgestellt, vgl. die mit 'daz' eingeleiteten Sätze Erec 7381. 8452. Greg. 1301. 2133. Bchl. II, 794. arm. Heinr. 536. Besonders zahlreich sind die Beispiele dafür im Iwein: v. 23. 379. 2092. 4753. 4795. 5129. 7184. 7996.

Im nachgestellten Hauptsatze finden wir als Beziehungsausdruck auf den Nebensatz adverbiales sô Erec 5169. 5691. 7161. 7442. 8869. 9786. — Greg. 1809. 2926. arm. Heinr. 604. — Bchl. I, 369. 884. II, 269. — Iwein 3554. 4228. 7063, zusammen 15 mal.

In den übrigen 20 Fällen, wo der Hauptsatz nachfolgt, ist das Vortreten des sô durch das Vorhandensein eines anderen Beziehungsausdrucks gehindert, wie des 'daz' in den oben angeführten Beispielen, oder eines Demonstrativs: dâ Erec 9530. den Greg. 2681. die Bchl. I, 295. daz Iwein 1771, oder wie Erec 1471 des swaz. Auch 'mit selhem ungeverte' Iwein 4494 kann man mit gewissem Rechte als demonstrativen Ausdruck auffassen, es folgt auf denselben auch die Inversion.

Jeder Beziehungsausdruck fehlt Gregor 1860, das beruht darauf, dass dieser Hauptsatz selbst wieder Nebensatz einer hypothetischen Periode ist und zum Ausdruck der Hypothesis Inversion zeigt. Ferner Erec 9175 und arm.

Heinr. 583, die zugleich Hauptsätze zu hypothetischen Sätzen (in v. 9173 bezw. 582) sind.

Innerhalb des Hauptsatzes sind von temporalen Ausdrücken zu erwähnen die Demonstrativen 'dannoch' Iwein 4754. arm. Heinr. 583, 'danne' Iwein 380, 'von den stunden' Iwein 7064 und selbständiges 'in kurzer vrist' Erec 5169. — Im Nachsatz eines die Wiederholung ausdrückenden Satzes finden wir 'selten' Greg. 1809. 'ie' 2155.

Zusammengesetzter Hauptsatz ist anzuführen Erec 5691. 5169. Bchl. I, 295. II, 618. Die einzelnen Teile sind durch und', Bchl. I, 618 durch 'oder' verknüpft und schildern in den letzten beiden Beispielen Gleichzeitiges, in den andern Aufeinanderfolgendes. Erec 5169 ist zuerst plpf. und darauf praet. gebraucht, hete umbevarn und kam.

Einem Satze mit swenne bezw. sô gleichzurechnen ist Greg. 3129 und sprach, ze swelher stunde Er den slüzzel funde Uz des meres ünde, Sô waere er âne sünde, dazu vgl. v. 2924 ff. und 3437 ff. auf p. 39 init. — ferner Erec 7167 wan ze swelher stunde Daz rôtwilt ersprenget wart, Sô was sîn jungeste vart Je... — und Erec 9182 Erec, ze swelhen zîten Er daht an frowen Enîten, Sô starkten im ir minne Sîn herze, wobei zu vergleichen ist Erec 9175 swenne ers iender an sach, Ir schoene gap im niuwe kraft.

Im ersten Beispiel entspricht ze swelher stunde einem hypothetisch-temporalen swenne, in den beiden andern Fällen drückt es die Wiederholung aus.

Greg. 3129 finden wir, weil die Periode in indirekter Rede, abhängig von sprach, steht, im Hauptsatz und im Nebensatz den conj. praet.; Erec 7167 und 9182 beiderseits den ind. praet. verwant.

Der Nachsatz ist in allen drei Stellen mit dem adverbialen sô eingeleitet. Erec 7170 zeigt sich innerhalb desselben noch ein ie, um das regelmässige Eintreten des Ereignisses bei dem Eintritt des andern hervorzuheben.

Bei Erec 9182 ist die Voranstellung des Subjekts (nur) des Nebensatzes und die Wiederholung desselben innerhalb durch 'er' zu beachten, vgl. p. 9. Es geschieht zum Zwecke der Hervorhebung Erecs gegenüber dem eben besprochenen Gegner.

§ 6. Sätze mit der Conjunktion sît, sît daz.

Sît (Erec 4212. arm. Heinr. 970. Bchl. I, 96) erscheint als Adverb bei Hartman in der Bedeutung von 'hernach, später, seitdem, in Zukunft' und bezeichnet eine Zeitdauer, welche mit einem vorher angegebenen Ereignisse ihren Anfang nimt, entweder allein Erec 779 (Bech). 1033. 1886. 2213. 3880. 9912. Greg. 913. 1755. 3709. 3777. Iwein 382. 1137. 1760. 2796 (am Anfang des Verses, aber nicht des Satzes). 3878. 4679. 4691. 7516. 8148. 8161. Bchl. I, 1877. II, 96. 363. 516 — oder mit einem andern temporalen Ausdruck verbunden, der wie 'zuo der selben stunde oder sît' Erec 1617 und 'beidiu dô unde sît' Iwein 3916 die Geltung der Aussage noch auf die Zeit des Eintritts des betreffenden Ereignisses ausdehnt; öfter auch auf die demselben vorausgehende, vgl. vor noch sît Erec 7774. Iwein 4620. 1139 (dâ v. n. s.), vor des noch sît Erec 10057. Greg. 1984. Iwein 36. 2439. sît noch ê Iwein 6514. 6438.

In den angeführten Beispielen zeigt sich sît nie an der Spitze des Satzes, ausser wenn es sich auf ein vorausgehendes conjunktionales sît bezieht, vgl. Bchl. I, 93. 904. II, 366. Ld. 9, 9.

Die ursprünglich adverbiale Temporalpartikel entwickelte sich zur Conjunktion, indem sie wie dô u. a. relativisch wurde und unterordnend an die Spitze desjenigen Satzes trat, dessen Ereignis ihr als Demonstrativum zur Grundlage der zeitlichen Bestimmung des eigenen Satzes gedient hatte.

Neben einfachem sît komt häufig sît daz vor, eine jüngere Erscheinung, welche vielleicht auf den Einfluss der gleichzeitigen Verwendung des sît als praep. c. dat. von Substantiven der Zeit zurückzuführen ist, vgl. sît der stunde daz Greg. 1397. Erec 1597. Ld. 4, 27. Darnach konte bei der Conjunktion sît die Hinzufügung von daz ebenso berechtigt erscheinen, wie bei unz (und anderen Präpositionen, die nhd. durch Hinzufügung von daz zu Conjunktionen erhoben wurden, vgl. ohne dass, auf dass, während dass).

Bemerkenswert ist die Trennung von sît und dazu gehörigem daz durch das Versende Erec 2867 wan er was dar niht komen sît Daz er was ein kindelîn.

Ein Unterschied in der Bedeutung ist zwischen sît und sît daz nicht zu verspüren.

In rein temporaler Verwendung haben beide den Sinn von 'seit, seitdem, nachdem' und setzen Vorgänge in Beziehung in der Art, dass mit dem Eintritt oder Abschluss des einen (im Nebensatz geschilderten) der andere (des Hauptsatzes) anhebt.

(Greg. 1256 sît ez einiu hât gesagt Sô wizzent ez vil schiere Drîe unde viere, erhält sît, weil der von ihm abhängige Satz eine allgemein giltige Erfahrung ausspricht, den Sinn von 'wenn, sobald'.)

Da das Ereignis des Nebensatzes häufig nicht nur die Zeit der Handlung des Hauptsatzes bestimt, sondern in vielen Fällen auch die Veranlassung zum Eintritt derselben gibt, so erhält sît infolge solches ursächlichen Zusammenhangs nicht selten causalen Nebensinn, der bald mehr bald weniger gegenüber dem temporalen zur Geltung komt.

Wenn der von sît abhängig gemachte Satz einen Grund anführt, durch den der Eintritt des im Hauptsatz geschilderten Vorganges eigentlich gehindert werden sollte, derselbe aber trotz dessen zu Stande komt, so findet sich sît auch mit concessivem Sinn.

Sît zeigt sich als Conjunktion im Erec an 28, im Gregor an 15, im arm. Heinr. an 4, im Iwein an 35 und in den Ld. und Bchl. an 28 Stellen. Dazu kommen mit sît daz im Erec 12 Fälle, im Greg. 5, im Iwein 6 und in den Ld. und Bchl. 5 Fälle. Erec, Gregor, Iwein, Bchl. und Ld. stehen also in Bezug auf den Gebrauch von sît und sît daz in je 1000 Versen im Verhältnis von 4 : 5 : 5 : 11, in den Ld. und Bchl. ist demnach die Verwendung der Conjunktion doppelt so stark als in den anderen Werken, eine Erscheinung, die nach dem schon bei sô und swenne Beobachteten nicht mehr befremden kann.

Wichtiger ist die allmähliche Abname des sît daz: im Erec bilden die Beispiele mit sît daz ein Drittel, im Gregor ein Viertel, im Iwein dagegen (und in den Bchl.) nur ein Achtel (bezw. ein Siebentel) der Gesamtzahl.

Dem Sinne nach ist etwa folgende Unterscheidung zu machen:

Vorzugsweise temporalen Sinn haben Erec 864. 478. 589. 2867. 3760. 5216. 5800. 5809. 6042. 6413. 6417. 6776. 7012. 7050. 7336. 7914. 8495. 9596. 9851. 10098, zusammen 20 Beispiele. — Gregor 714. 966. 1256. 2166. 2199. 2683. 2796. 3675. 3777, zusammen 9. — Im arm. Heinr. nur v. 1360. — Iwein 132. 631. 1399. 1647. 2296. 2316. 2783. 2997. 3591. 4267. 4629. 4661. 4735. 5534. 5973. 6051. 6651. 6706. 6769. 6789. 6839. 7354. 7631, zusammen 23. — Bchl. I, 93. 517. 521. 904. 1443. 1465. 1735. 1875. II, 361. 464. — Ld. 3,1. 9,8. 11,3. — Die übrigen Beispiele haben vorwiegend causalen Sinn.

Concessive Bedeutung zeigt sît: Erec 267 sît ez niht wesen baz enmac, Des gan man mir doch âne strît, ferner Gregor 2253 und Iwein 1035. 1567. 2783. 3137. 5718. Bchl. I, 1411.

Im Erec und Gregor kommt, wie sich aus dieser Aufzälung ergibt, sît ziemlich ebenso häufig in temporaler wie in causaler Verwendung vor, im Iwein überwiegt aber die temporale beinahe um ebensoviel wie in den Ld. und Bchl. die causale.

Zusätze bei sît. — Erec 7336. Greg. 355. 966. 1482. 1525. 2324. Iwein 1647. 2783. Bchl. I, 117. II, 407. 477 begegnet bei dem causaltemporalen sît ein eingeschobenes nû, welches Iwein 1647. Bchl. II, 477 unmittelbar der Conjunktion folgt, in den übrigen Fällen von derselben durch andere Satzteile getrent ist. Von anderen temporalen Ausdrücken innerhalb ist noch zu erwähnen hiute Erec 3760. von êrste Erec 5810. 'Und sît' treffen wir an Gregor 2796. Iwein 4735. 7354.

Zusammengesetzten Nebensatz zeigen Erec 5216. Greg. 1482. Iwein 4006. Bchl. I, 56. 149. 561. 1397. 1411. II, 91. 261. 362. 464. 477. Ld. 3,15. Die einzelnen Teile sind durch 'und' verknüpft. — Bchl. II, 464 hat sît temporalen, an den übrigen Stellen vorwiegend causalen Sinn, wobei Greg. 1482.

Bchl. I, 56. II, 261. 477 nicht die Teile des Nebensatzes jeder für sich, sondern nur beide zusammen genommen das Ereignis des Hauptsatzes veranlassen.

Zwei Nebensätze mit sît sind einem einzigen Hauptsatze untergeordnet Iwein 3999 ff. und Bchl. I, 1397 ff. Iwein 3999 sît ich mirz selbe hân getân, Ich solts ouch selbe buoze enpfân ....; 4006 Sît mich mîn selbes missetât Mîner vrouwen hulde .. 4009 ân aller slahte nôt verlôs Und weinen für daz lachen kôs, ist der zweite Satz mit sît von v. 4006 ab nur eine ausführlichere Wiederholung des Inhalts des ersten Satzes in v. 3999.

Bchl. I, 1397 sît ir daz gemüete mîn Alsô verborgen muoz sîn ... 1408 Und ich dar zuo ir gruoz Leider unverdienet hân, Sô möcht ichz âne klage lân, Sît dû mir selbe leit tuost Und doch mit mir genesen muost, ist der erste der beiden Sätze begründend für die Aussage in v. 1410, der zweite nachgestellte ist adversativ.

Zeitfolge in den Perioden mit sît. sît, sît daz findet sich mit Temporibus der Gegenwart wie der Vergangenheit.

Hauptsatz und Nebensatz zeigen gleiches Tempus, wenn der Anfang des einen Vorganges auch der des andern ist, beide also nebeneinander fortdauern — verschiedenes, wenn der Abschluss des einen den Beginn oder den Grund zum Beginn des andern bildet.

1. Im ersteren Falle sehen wir für die Gegenwart in beiden Sätzen den ind. praes. auftreten, Erec 267. 478. 589. 1365. 3914.[1]) 4366. 5876. 5896. 6414. 7998. Greg. 960. 1482. 1525. 3751. arm. Heinr. 918. 1247. Iwein 544. 1567. 1909. 2356. 2526. 3001. 4075. 4218. 5534. 6652. 6977. 7313. 7713. Bchl. I, 149. 319. 949. II, 29. 302. 407. 571. Ld. 13, 23. 22, 23. — Anstatt des ind. praes. findet sich der impv. im Hauptsatze

---

[1]) Dass die Conjektur Bechs in Bezug auf die Interpungirung dieser Stelle: es enkumbert mich borsêre, Sît ir mich nemen welt: Dâ mite râte ich daz ir twelt Unze fruo morgen, abzuweisen ist, ergibt sich aus dem Vergleiche mit Erec 5896: sît daz dû mich doch nemen muost, Sô rât ich daz dus en zît tuost. Es ist in v. 3914 darum der Hauptschen Lesart beizustimmen.

Erec 583. Greg. 2804. arm. Heinr. 682. Iwein 244; imperativischer conj. praes. Erec 6414 (Bech). 8812. Greg. 1634. Ld. 6, 21. 7, 2; conj. praet. dubit. oder potent. Erec 6053. Bchl. I, 474. 517. 862. 1397. Ld. 9, 11.

Für die Vergangenheit ist in beiden Sätzen ind. praet. gebraucht. Die Beispiele dafür sind nicht sehr zahlreich, vgl. Erec 8334. 8632. Greg. 2199. 3777. Ferner Iwein 132. 631 und Erec 9718 mit conj. im Hauptsatz.

Im Nebensatz praes. und im Hauptsatz praet. steht Iwein 3137 sît mîn vrouwe ir jugent . . Wider iuch niht geniezen kan, Wan gedâht ir doch daran Waz ich iu gedienet hân, v. 5718 sît ich hie ze hûs Niht kempfen mac gewinnen, Dochn wolt ich niht von hinnen, beides concessive Fälle. Die Handlung des Hauptsatzes gehört bereits der Vergangenheit an, während die des Nebensatzes noch in der Gegenwart fortdauert.

2. Wenn das im Hauptsatz geschilderte Ereignis erst mit dem Beschluss des andern seinen Anfang nimt, so wird für die Gegenwart im Nebensatz meist das zusammengesetzte perf. und im Hauptsatz das praes. verwendet Erec 4818. 5800. 7336. 9583. Greg. 355. 966. 1256. 2797. 3798. Iwein 1399. 1647. 2316. 2322. 4267. 4629. 4661. 4735. 5973. 6706. 6839. Bchl. I, 117. 521. 561. II, 636. Ld. 19, 25. 11, 3. impv. im Hauptsatz zeigen Erec 7914. Greg. 2253. Iwein 6051; conj. praet. Erec 6042. Iwein 2296. 2997.

Ld. 21, 24 Got hât vil wol zuo zir getân Sît lîp sô leidez ende gît, ist umgekehrt im Hauptsatz das perf. und im Nebensatz das praes. zur Verwendung gekommen, weil der für die bereits abgeschlossene Handlung des Hauptsatzes wirksame Grund seine Geltung darüber hinaus beibehält.

Für die Vergangenheit wird auch im Falle der Aufeinanderfolge der Ereignisse in beiden Sätzen das praet. angewant Erec 864. 3760. 5216. 6776. 7012. 8496. 9596. 9851. Greg. 2166. 2683. arm. Heinr. 1360. Iwein 6769. 6789. 7354. Bchl. I, 1443. 1645. II, 464. Ld. 14, 21. Ferner Iwein 1035. Erec 1075. Bchl. I, 904 mit conj. praet. bezw. plpf. im Hauptsatz. — Der ind. plpf. tritt im Hauptsatz in Greg. 3675 auf, weil dieser wieder zu einem anderen Satze im Verhältnis der Vorvergangenheit steht, und Erec 2867.

Erec 5008 und habe ich mînen man, Sît ich in von êrste gewan, Verworht an ihtes ihte, ferner Greg. 3105. Bchl. I, 1875. Ld. 9, 8 zeigt der Hauptsatz zusammengesetztes perf. anstatt des praes., weil die Handlung mit ihrem Abschluss bis in die Gegenwart hineinreicht.

Liegt ein Teil ihres Verlaufs oder der ganze in der Gegenwart, dann steht das praes. Iwein 7631 sît mir geviel daz unheil Sô ist mir lieber ein teil daz u. s. w., ferner Iwein 3591. Bchl. I, 93. 1735. Ld. 3, 1.

Anstatt des praet. wird zur Bezeichnung des Abschlusses in der Vergangenheit im Nebensatz das plpf. gebraucht. Erec 5597 dochn dorfte er nimmer niht geklagen Sît im daz leben beliben was, und v. 10098. Greg. 2320 ff. — Erec 7050 und Greg. 714 zeigen beide Sätze den ind. plpf., weil sie der Vorvergangenheit Angehörendes schildern.

In indirecter Rede Erec 2226 ff. steht in beiden Sätzen der conj. praet.

In einem einzigen Falle folgt auf die Conjunktion sît, durch dieselbe hervorgerufen, der conj. und zwar des perf. Iwein 2783 sît in nû wol geschehen sî Sô bewaret daz dâ bî, weil sît hier concessive Bedeutung hat, etwa gleich swie, welches gleichfalls häufig mit dem conj. verbunden vorkommt.

In zusammengesetzten Nebensätzen tritt bisweilen Tempuswechsel ein. Wechsel zwischen perf. und praes. Bchl. I, 561 erwelet hâst .. erlâst (Bech). Bchl. II, 261 hât geêret ... kêret, v. 477 habent geseit .. kan. Wechsel zwischen praes. und praet. Ld. 3, 15 sît sinne machent saeldehaften man Und uns in saelde nie gewan. Wechsel zwischen praet. und perf. Bchl. II, 91 tete ... hât benomen. v. 361 erkande ... enphrömdet hât.

Der Hauptsatz der Sätze mit sît zeigt sich ebenfalls der bei den andern bisher betrachteten Temporalsätzen herschenden Regel in Bezug auf die Stellung unterworfen, er folgt dem Nebensatz nach, wenn nicht besondere stärker wirkende syntaktische Gründe eine andere Anordnung der Sätze nötig machen; dieser Fall tritt ein Erec 1075. 2226. 2867.

4366. 5597. 5800. 6053. 6418. 6776. 7050. 7998. 8334. 8495.
9583. 9718. Greg. 1634. 2318. 2643. 3105. 3675. 3777. arm.
Heinr. 1247. Iwein 1035. 2316. 2997. 3001. 3591. 4077. 4267.
4629. 4661. 5973. 6651. 6789. 7713. Bchl. I, 56. 474. 521.
949. 1443. 1645. 1875. II, 302. Ld. 9,11. 13,18. 14,1. 21,24.
Erec 5331. 5809. 7360. Greg. 2166. Bchl. II, 464 ist
der Nebensatz in den Hauptsatz eingeschoben.

In den übrigen Fällen (86), wo der Hauptsatz nachsteht,
wird er mit wenigen Ausnamen durch eine Partikel oder ein
Demonstrativ eingeführt.

Als einleitende Partikel begegnet das eigentlich an
diesem Platze zu erwartende adverbiale sît ziemlich selten,
zum Teil wol aus dem Grunde, weil es im Gegensatz zu der
Conjunktion seine ursprüngliche temporale Bedeutung rein
erhalten hat, es erscheint nur Bchl. I, 96. 906. II, 366.
Ld. 9, 8. Dafür tritt bisweilen dô ein: Erec 7019. 10099. arm.
Heinr. 1365 und ein zweites Mal innerhalb im zweiten Gliede
in v. 1367 und Iwein 135.

Häufig findet sich sô: Erec 479. 584. 590. 1366. 5226.
5877. 5897. 7915. 9597. Greg. 969. 1257 (mit vil schiere).
1484. 2200. 2799. 2804. 3752. 3800. arm. Heinr. 684. Iwein
245. 1571. 1649. 1911. 2323. 2784. 4736. 5535. 6053. 6840.
6978. 7356. 7632. Bchl. I, 120. 151. 320. 563. 1410. 1736.
II, 266. 412. 484. 574. Ld. 3,2. 6,21. Nach dem concessiven
sît Iwein 5718 begegnet ein 'doch' an der Spitze des Hauptsatzes, in v. 3140 steht es innerhalb. Iwein 1571 ist sô einleitende Partikel. Bchl. I, 1412 doch.

Demonstrative Ausdrücke hindern durch ihr Erscheinen
das Vortreten eines Beziehungsausdrucks: daz Erec 865. 7339.
Greg. 716. Bchl. II, 98. des Erec 268. Greg. 357. des selben
Erec 6047. dâ mite Erec 3915. dâ .. an Ld. 3,18. dêswâr
daz Ld. 7,2 (blos dêswâr Greg. 961. 1527) zwâre dâ .. an
Ld. 3,18. zwâre des Iwein 6771 — fragende Fürwörter oder
Partikeln wie Iwein 1400. wer 2358. wan 3140.

Diejenigen Hauptsätze, welche keinen Ausdruck der Beziehung auf den vorangehenden Nebensatz an der Spitze
zeigen, vgl. Erec 3763. 8633. 8813. 9853. arm. Heinr. 920.
Iwein 2527. 4000. 4220. 7314. Bchl. I, 520. II, 30, bieten die

Wortordnung des selbständigen Satzes. Inversion ist nur Iwein 2298 naeme ich in danne daz lebn, Daz waere harte unwîplich, wegen des hypothetischen Sinnes angewant. Innerhalb des Hauptsatzes finden sich öfters temporale Partikeln oder negative Ausdrücke, welche dazu dienen sollen, die ununterbrochene längere Fortdauer seiner Handlung oder seines Zustandes von dem im Nebensatz angegebenen Zeitpunkte ab hervorzuheben, s. Erec 5229 nie. 5800 langer. 5878 immer mêre. 6417 immer. 7012 ie. 8496 niemen. 9597 nie. 10100 in allen stunden. Greg. 469 immer. 2200 nie und 2683. Iwein 2516 niemer mêre. 6652 iemer. Bchl. I, 1645 unz her. 1735 ie. II, 464[1]) unz an disen tac u. a.

Zu den beiden parenthetisch stehenden Sätzen Erec 5333 sît ich der wârheit sol jehen, und v. 7360 sît ich ez loben muoz, fehlt der zugehörige Hauptsatz, vgl. auch Iwein 544. In freierem Verhältnis stehen Nebensatz und Hauptsatz zu einander auch Erec 589 sît irz meinet alsô Sô haben wir hie zehant Vil schoenez îsengewant, indem ein Mittelglied fehlt, etwa ʽsô mac ich ez iu gerâten wol'.

Zusammengesetzten Hauptsatz zeigen Erec 8813. Iwein 3001, mit Tempuswechsel Erec 3763 vil nâ ez mînem herzen kam Und ouch noch dicke leider tuot, um zu bezeichnen, dass die Stimmung aus der Vergangenheit bis in die Gegenwart fortdauert, wofür sonst nur ein Verb und zwar im praes. gebraucht wird Bchl. I, 96. 1736. Iwein 7619.

§ 7. Sätze mit der Conjunktion ê und ê daz.

Die Conjunktion ê ist das comparative Adverb ê, welches in der Bedeutung von ʽfrüher, vorher, einst' angibt, dass ein Ereignis vor der Zeit, von der die eigentliche Erzählung handelt, sich zugetragen hat oder sich hätte zutragen sollen. Wir

---

[1]) Bech lässt hierauf nur ʽdaz' folgen, daz si genâde an mir begie Und mînen wilden muot gevie, Haupt liest sît daz, und dies scheint mir beizubehalten zu sein wegen des ʽdisen', indem die Zeit ʽdô si genâde an im begie und sînen wilden muot gevie' bereits der Vergangenheit, nicht der Gegenwart angehört. — Andere Liebesverhältnisse cf. Bchl. II, 507 ff. nam er leichter, nur hier vermag er nicht die kleinste Verkürzung zu ertragen.

finden es darum bei Hartman meist nur in Sätzen mit perf. praet. oder plpf., vgl. Erec 1755. 2985. 3305. 5622. 7263. 7496. 7226. 6889. 8315. 8396. 8539. 9328. Greg. 855. 1251. 2400. 2572. 3068. 3124. 3641. 3687. arm. Heinr. 356. 833 (ein teil ô). 1266. Iwein 114. 186 u. a. a. O. (Ueber ê in der Bedeutung von 'lieber' s. p. 58.) — Gern tritt ê in Sätzen mit alsô, seltener mit sam (Erec 9251. 10122) auf, welche die (relative) Gegenwart mit der vorhergehenden Zeit vergleichen oder auch auf bereits Erzähltes zurückgreifen, vgl. Erec 460. 680. 2355. 7179. 8460. 8661. Greg. 1671. 2322. 3322. Iwein 1120. 4794. 7728.

Greg. 174 und arm. Heinr. 1435 ist im conjunktivischen Satze danne ê für als ê verwant.

Mit als alsam sam danne verbunden erscheint ê in elliptischen Sätzen Erec 1729. 2219. 2537. 3966. 4264. 5075. 5495. 6024. 6691. 9222. 9262. Greg. 855. 1629. 1694. 2015. arm. Heinr. 1430. Iw. 683. 2803. 3332. 3467. 3697. 3938. 3983. 4358. 4836. 5195. 5413. 6948. Bchl. I, 115. 170. 230. Ld. 8,10.

Bisweilen ist ê einer andern Zeitpartikel gegenübergestellt, am häufigsten dem nû Erec 6471—6492. Greg. 3257. 3259. 3265. 3273. 3549. arm. Heinr. 125. 285. Iw. 1557. 3711. 3715. 3720. Während ê sonst immer innerhalb des Satzes steht, macht es im Falle einer derartigen Gegenüberstellung zuweilen eine Ausname, vgl. Erec 6471—92. Greg. 3257 und Iwein 1557. (Darum wird aber einerseits das von Benecke Iw. 4247 conjicirte ê anzuzweifeln und vielleicht eher dem von Bech gesetzten sô beizustimmen sein, weil jener Grund zur Voranstellung hier fehlt, während andrerseits Iwein 5957 wegen des nû in v. 5958 mit Lachmann dem von Bech beibehaltenen 'hie' das adverbiale ê vorzuziehen ist.)

Dô steht dem ê gegenüber arm. Heinr. 1237. dannoch arm. H. 267. sît Iw. 6438. 6514. Temporales sô Iwein 2943 dâ sôl daz jârzil enden. Sô kumt benamen oder ê.

Andere temporale Ausdrücke dienen zur Verstärkung des ê wie: dâ vor Erec 400 er het dâ vor gehabt ê Guotes und ouch êren mê. Bchl. I, 230 alsô dâ vor vil maneger ê, in elliptischem Satz — oder zur näheren Bestimmung, wie

Greg. 3127 vor siebenzehen jâren ê, und arm. H. 833 ein teil ê.

Wenn bei ê der Endtermin des von demselben bezeichneten Zeitraumes angegeben ist, so wird ê zur praep. und regiert den gen., vgl. Ld. 6, 12 ê der tage. Erec 8164 ê morn ze dirre zît (oder ist hier dat. anzunemen?). Ueber das ê des Hauptsatzes s. unten.

Aus der Verwendung des ê bei der Vergleichung von Ereignissen in Bezug auf die Zeit ihres Eintretens hat sich sein Gebrauch als temporale Conjunktion entwickelt. Als Zwischenstufe ist das Vorkommen des adverbialen ê in Verbindung mit dem vergleichenden danne[1]) anzusehen, dem wir bei Hartman begegnen: Erec 2353 sîniu sper truoc ein wagen hin . . ê dan Erec wurde bereit. Iwein 7170 unde vergulten an der stat Mê und ê dan man sî bat, und v. 8085 ichn woltez hân geliten ê Danne ich ze langer stunde Mînes lîbes gunde. Die beiden Iweinstellen zeigen ê völlig als Adverb, während Erec 2253 die beiden Partikeln ê und danne eine engere Verbindung unter sich eingegangen sind. Erec 2417 ist ê von Haupt und ê dann von Bech conjicirt worden, in der Handschrift fehlt ê; das Beispiel gewährt also keine sichere Grundlage (ê im elliptischen Satz als Conjunktion Walth. 95, 26.).

Neben einfachem conjunktionalem ê komt bei Hartman sehr häufig 'ê daz' vor, und ich meine, dass wie bei 'sît daz auch hier der präpositionale Gebrauch des der Conjunktion zu Grunde liegenden Adverbs von Einfluss gewesen sein' dürfte, indem man den durch die Conjunktion ê eingeleiteten Satz dem gen. und dat. der bei der praep. ê stehenden temporalen Substantiva als gleichwertig erachtete und ihn durch daz' wie andere Substantivsätze einleitete.

ê daz ist bei Hartman gebraucht in allen den Fällen, wo der zwischen dem Eintritt der beiden Ereignisse liegende Zeitunterschied durch einen temporalen Ausdruck mehr oder minder genau angegeben wird, so Erec 5 unlange vrist . . ê

---

[1]) Bei Veldeke ist in der Eneide 24 mal ê danne und 39 mal einfaches ê gebraucht.

daz. 3291 küme eine wîle .. ê daz. Greg. 3541 zwelf wochen ..
ê daz. Iwein 7779 vil unlange stunt .. ê daz. Aber
auch wo dies nicht geschieht, findet sich ê daz, vgl.
Erec 1144. 4028. 4248. Greg. 1251. Iwein 5622. 5905. I, 1309.
1779. Zusammen ist ê daz 13mal anzutreffen neben 46mal
gebrauchtem einfachen ê.

Ein anderes 'daz' als das eben besprochene finden wir
Ld. 7,11 (nach Bech) mir taete untriuwe verre baz Dan ê
daz mich diu triuwe mîn u. s. w. (Haupt: dan daz mich ê)·
Hauptsatz und Nebensatz enthalten hier Gleichzeitiges und
'daz' vertritt eine relative Conjunktion, etwa dem dô entsprechend, vgl. Erec 10122 niht sam er ê phlac, Dô er sich ..
verlac, und die Beispiele auf p. 7.

Dem Sinne nach sind zwei Gruppen von Beispielen zu
unterscheiden, eine wo ê ê daz hauptsächlich temporale
Bedeutung aufweist, und eine zweite, wo die ursprüngliche
comparative Natur von ê zur Geltung komt.

Im ersteren Falle gibt der mit ê eingeleitete Nebensatz
den Zeitpunkt an, bis zu welchem das Ereignis eingetreten
ist oder eintreten soll, Erec 5. 1144. 1196. 2440. 2599. 2925.
3291. 4028. 4166. 4240. 4248. 5173. 5546. 6023. 7682. 8989
und 2253, mit ê danne Greg. 1033. 3540. Iwein 5066. 5622.
5711. 6246. 6391. 7778. 7905. 7982. Bchl. I, 1200. 1309. 1700.
1846. II, 558. Ld. 6,13. (7,11).

In der zweiten Gruppe enthält der Hauptsatz zumeist einen
nicht zu erfüllenden Wunsch oder sagt ein Ereignis voraus, das
nur wenig Aussicht auf Verwirklichung hat, wenn es nicht
überhaupt gänzlich undenkbar ist; beiden wird aber mehr
Wahrscheinlichkeit und grössere Berechtigung zum Eintritte
in die Wirklichkeit beigelegt als dem im Nebensatz Ausgesprochenen. Die Form ist entweder die eines Potentialsatzes, vgl. Erec 1036. 3817. 4453. 5432. 8432. Greg. 1251. Iwein
2328. 7304. 7085. Bchl. I, 1777. 1796. II, 743 — oder die
eines tatsächlichen Urteils, vgl. Erec 3174. 3991. 4696. Iwein
4474. (7318). Bchl. I, 68. 1831. Ld. 7,17. — Zuweilen ist
eine Absicht mit der verheissenen Ausführung jener Be-

---

[1]) Mit sît der stunde daz p. 44 vgl. ê der stunde daz Tr. 404, ss.

hauptung verknüpft, ê ê daz gleich 'damit (nicht)' Iwein 2230 ê des niht ensüle geschehen, Ich lâze mir ê nemen den lîp, vgl. ferner v. 2164. 4474. 7585. Erec 4452. Greg. 1251.

Von temporalen Zusätzen beî ê ist ausser den bereits bei sît daz angeführten noch zu erwähnen: nie sô schiere Erec 2599 daz tet er nie sô schiere Ê er die sîne zuo sach varn, vgl. damit Erec 2550 daz geschach nie sô schiere Sô daz sî die gesellen viere.. Ueber jenez velt sâhen Mit ir baniere gâhen.¹) Innerhalb steht 'danne' Erec 1145. 'hiute' 9064.

Zeitfolge. 1. In den temporalen Sätzen mit ê und ê daz erscheint der ind. wie der conj. der Tempora der Gegenwart und der Vergangenheit. Für die ältere Zeit gilt im Allgemeinen die Regel, dass bei positivem Hauptsatz der conj., bei negativem der ind. gebraucht wird. Hartman weicht wenig von dieser Regel ab; Erec 4248 do getorsten ez die flienden zagen Vor ir schande niht gesagen ê daz Erec der herre Kaeme von dem lande verre ist nach negativem Hauptsatze der conj. verwant (in potentialem Sinne). Erec 1144 in der indirekten Rede kann der conj. nicht auffallen. Sonst findet sich stets der ind.: Erec 5. 2599. 4166. 4240. 6023. Greg. 3540. Iw. 7778. BchL I, 1199. — Nach positivem Hauptsatz komt der ind. einige Male nur im Erec vor, Erec 3295. 4028. 5546 (ê ern ze slage vol erreit Erecken het sîn snelheit An in und wider von im getragen). 6025. 9064. Iwein 6391 und 7904 können 'erwerben' und 'scheide' auch Conjunktive sein. Auch Iwein 5711 ê ich mich hete angenomen, ist hete der Conjunktiv, vgl. Wh. mhd. Gramm. § 377.

Die Tempusfolge regelt sich nach dem Verhältnis, in dem die Ereignisse der beiden Sätze zu einander stehen, folgendermassen:

Wenn das Ereignis des Hauptsatzes seinem Verlaufe nach dem Eintritt des im Nebensatz geschilderten vorangeht, so sehen wir für die Gegenwart beiderseits das praes. verwant

---

¹) Haupt vergleicht hiermit Trist. 458,11 Nune was ouch daz sô schiere nie Daz Marke von dannen gie Und harte unverre was dervon, Sô dâ erwachet ouch Tristan. Bech citirt noch Herbort 18011 (?) — Hierzu komt noch Trist. 442,33, zwei coord. Sätze.

im ind. oder conj. Erec 9064 ê wir uns hiute scheiden Unser einem ode uns beiden Ist daz geuden gar gelegen. Iwein 6246 in sol hie iuwer reht geschehen Ê iu diu porte werde enspart, ferner Bchl. I, 1200 niht, ê dû mirz geseist. Iwein 6391. 7904. Bchl. I, 1309. 1700. 1846 (impv. im Hauptsatz). Ld. 6, 12 (Hauptsatz conj. adh.).

Für die Vergangenheit beiderseits den ind. praet. Erec 5. 2351. 2599. 3291. 4028. 4240. 6023. Greg. 3540. Iwein 7778. Oder praet. conj. im Nebensatz und ind. im Hauptsatz, vgl. Erec 2925. 4248. 5173. Greg. 1033. Iw. 5622. Bchl. II, 558. — Erec 7682 ir müest daz werc wol besehen Ê ir westent, ist zum Ausdruck der Unwirklichkeit auch im Hauptsatz der conj. praet. zur Anwendung gebracht, und Iwein 5711 waeret ir mir ê komen Ê ich mich hete an genomen u. s. w. in gleicher Absicht beiderseits der conj. plpf. — Erec 2440 dise just het er genomen Ê man ze velde waere komen, erscheint plpf. ind. und conj., weil die beiden Ereignisse zu den andern bald zu erzählenden im Verhältnis der Vorvergangenheit stehen.

Wenn das Ereignis des Hauptsatzes eintritt, bevor die Handlung des Nebensatzes zum Abschluss gekommen ist, so finden wir neben praet. des Hauptsatzes im Nebensatz den conj. praet. mit ge- in plusquamperfektischem Sinne Erec 8989 ê sî die rede getaete Und in gewarnet haete, Nu gehôrt er eine stimme, und den conj. plpf. Erec 8990 und 1196 ê diu rede waere getân Idêrs ûf Kardigân .. reit.

Wenn die Handlung des Hauptsatzes bereits vollendet ist, ehe noch die des Nebensatzes ihren Anfang genomen hat, so zeigt der Hauptsatz das plpf. und der Nebensatz das praet. Erec 4166 nu het si imz vol niht geseit Ê der grâve zuo reit, die beiden Vorgänge stehen zu einander in demselben temporalen Verhältnis wie die in Erec 8989 ff., aber die Darstellungsweise ist verschieden, was hier der Nebensatz enthält, ist dort im Hauptsatz ausgesagt, und umgekehrt. — Ferner Iwein 5066 ê er erzüge den andern slac Dô hete sich her Iwein an im vil wol errochen.[1] Erec 5546 ê ern

---

[1] Sehr ähnlich Trist. 405, 38 ê dô der ungehiure man Die stange haete wider gezogen, Dô haete im T. etc.

ze slage vol erreit, Erecken het sîn snelheit An in und wider von im getragen.

2. **Modales Verhältnis.** — In dieser zweiten Gruppe der Sätze mit ê herscht der Gebrauch des conj. vor, der meist ein optativer oder potentialer ist. Der ind. erscheint in den Sätzen, in welchen ein fester ausführbarer Vorsatz oder erfüllbarer Wunsch die Aussage bildet. Der ind. praes. ist angewant Erec 3174. 3991. 4696. 6416. arm. Heinr. 563. Bchl. I, 68. Ld. 7, 17. der conj. Iw. 2164 2230. 4474 (finaler Sinn) neben ind. praes. des Hauptsatzes, für den v. 2164 wegen anderweitiger Abhängigkeit auch der conj. eingetreten ist.

Zum Ausdruck der nur angeschauten Wirklichkeit wird für die Gegenwart der conj. praet. in beiden Sätzen gebraucht Erec 3817. 4453. 8432. Greg. 1251. Iwein 2328. 7304. 7585. Bchl. I, 1775. II, 743. Um den Hauptsatz Bchl. I, 1836 von der Unwirklichkeit auszunemen, ist der ind. praes. gesetzt, im Nebensatz der conj. praet. — Für die Vergangenheit steht in beiden Sätzen conj. plpf. Erec 1036. 5430.

Die Teile zusammengesetzter Nebensätze schildern stets gleichzeitige Ereignisse, vgl. Erec 2926. 5173. Iw. 7304. Scheinbar Tempuswechsel findet statt Erec 8989 (s. o.), doch da wird nur das plpf. im ersten Gliede durch das praet. mit ge- vertreten.

Der Hauptsatz der Sätze mit ê geht in der Mehrzahl der Beispiele dem Nebensatz voran, ein Umstand, der, wie die Abneigung des adverbialen ê gegen die erste Stelle im Satze, wol auf einen gemeinschaftlichen Grund, auf seine Entstehung aus einem Comparativ zurückzuführen ist. Nachgestellt ist der Hauptsatz in den temporalen Beispielen: Erec 1196. 4028. 5546. 8989. 9064. Iw. 5066. Bchl. II, 558. In den comparativen: Erec 3991. 4696. arm Heinr. 563. Iwein 2230. 2328. 7304. 7585. Bchl. I, 68. Ld. 7, 18. Zusammen sind es 17 Fälle, die nur zwei Siebentel der Gesamtzahl bilden.

Im vorangehenden wie im nachfolgenden Hauptsatze treffen wir häufig innerhalb auf ein adverbiales ê. Im Hauptsatz temporaler Sätze erscheint es nie, wenn er nachfolgt, selten, wenn er vorangeht, Erec 6024. Iw. 5711. Ld. 6,12 (ê der tage). Greg. 3641. ê gibt hier eine Zeitbestimmung, welche durch den folgenden Satz mit der Conjunktion noch genauer ausgeführt wird.

Im Hauptsatz comparativer Sätze erleidet das adverbiale ê eine Wandlung in seiner Bedeutung, es ist gleichwertig einem 'besser, leichter, lieber', wie wir denn auch ê ersetzt finden Iwein 7308 durch 'bezzer'. Bchl. I, 1775 durch 'lîhter'. Vgl. Iw. 7318 baz .. danne. 7799 gerner .. danne. Im vorausgestellten Hauptsatz erscheint ê in diesem Sinne Erec 3817. 4453. 5432. 6416 (ohne Hauptsatz). Greg. 1251. 3641. Iw. 4474. 8085. Bchl. I, 1831. II, 743. Im nachgestellten Hauptsatz arm. Heinr. 564. Iw. 2231. 2329. 7586. Ld. 7,18. Immer steht es innerhalb des Satzes, nur Erec 6416 wo der zugehörige Nebensatz aus dem Zusammenhange zu ergänzen ist, ist es um des Nachdrucks willen an die Spitze gestellt; Iwein 4474 folgt es unmittelbar auf die Versicherungspartikel zwâre; beidemal findet darnach Inversion des Subjekts statt. Als einleitende Partikel des Hauptsatzes wird ê also nicht verwant.

Den nachfolgenden Hauptsatz führt zweimal dô ein Erec 4030 und Iw. 5067. Erec 8991 ist nû gewählt, sô Erec 5175 und Bchl. II, 560. sô komt auch nach einem comparativen Satze vor Erec 3992 und Ld. 7,18. In den übrigen Fällen zeigt der Hauptsatz keine einleitende Partikel.

Unvollständigen Hauptsatz finden wir Erec 6024 (daz sî bezzer obez baere) Danne ouch ê nâch ir art, Ê daz sî ûz gegraben wart. Bchl. I, 1200 (herze, wie wol dû ez weist) niht, ê dû mirz geseist. — Dagegen erscheint Erec 6416 ein Hauptsatz ohne den zugehörigen Nebensatz.

Fortgeführt wird der Hauptsatz durch ê Iw. 2331. 6250. 6252.

§ 8. Sätze mit unz, unz daz.
Mhd. Gr. § 317.

unz ist ursprünglich Adverb des Ortes und dann auch der Zeit. Es erscheint bei Substantiven in Verbindung mit verwanten praepp., die den acc. nach sich haben, so am häufigsten mit an, vgl. Erec 778. 792. 1850. 2144. Greg. 26. 183. 199. 1062. a. H. 52. Iw. 1079. 1698. 2583.

Bchl. I, 187. 1436. II, 88. 464 u. a. a. O. Bisweilen auch mit ûf Erec 1421. 5417. 6535. Greg. 2409. 2970. Iw. 3784. 5467. Bchl. I, 1629. Ld. 15, 2. Am seltensten mit ze Greg. 986. Bchl. II, 312.

Unz allein komt vor mit Adverbien des Ortes und der Zeit: unz her Erec 610. 3245. 4368. 4640. 5995. 7288. Greg. 1411. 1587. 2733. 3304. a. H. 691. Iw. 2899. 3510. 4890. Bchl. I, 1645. — unz dar Erec 6013. 8071. unz hin nâch mittem tage Erec 882 und 7810: unz hin umbe mitten tac. unze nâch der messezît Greg. 914. unz vol nâch mittem tage Iw. 7239. unz hiute Greg. 372. unz hiute an diesen tac Erec 9570. unze vruo morgen Er. 3916. unz morgen vruo Er. 4574. unz morne a. H. 706. unz morgen Iw. 4070.

Zweimal folgt auf unz ein Relativsatz mit dâ Er. 7320 er gienc . . über den grât, Unz dâ daz phärt ende hât und Iw. 1049 er sluoc durch den helm einen slac Zetal unz dâ daz leben lac mit Auslassung der demonstrativen localen Adverbs.

Unz bezeichnet überall das Sichausdehnen, das Sicherstrecken einer Handlung oder eines Zustandes bis zu einem gewissen localen oder temporalen Endpunkte.

Greg. 2968 got an im vergaz Sîner houbetschulde Unz ûf sîne hulde, gibt Bech unz ûf mit 'bis auf, nur nicht' wieder, Höfer erklärt dagegen richtig 'bis zu seiner Huld, so dass er ihm sogar seine Gnade wieder zuwante', es ist dabei zu vergleichen Iwein 3782 er sazte ir gîsel unde pfant Daz er al sîn schulde Buozte unz ûf ir hulde, und v. 5466 ff. ichn gewinne gemach nochn wirde vrô Niemer mê unz ûf den tac Daz ich wider haben mac Mîner vrouwen hulde. Die Stellen, die Bech zu Greg. 2408 anführt a. H. 259. Parz. 371, 12. 581, 19 beweisen nur, dass bei 'unz an' das, was die Grenze bildet, ausgeschlossen bleibt, was mir aber Greg. 2408 bei 'unz ûf sînen tôt' gar nicht der Fall zu sein scheint.

Wie bei unz durch einen Relativsatz der Ort angegeben werden kann, bis zu welchem etwas sich erstreckt, so kann auch der Zeitpunkt, bis zu dem ein Zustand oder eine Handlung währt oder sich öfters wiederholt, ausser durch ein Substantiv oder Adverb der Zeit durch den Eintritt oder Abschluss einer anderen Handlung, also durch einen temporalen Satz bestimt werden, unz wird auf diese Weise temporale Conjunktion. Häufig wird der dem unz untergeordnete Satz wie bei ê und sît noch durch daz zusammengefasst.

Das Ereignis des Nebensatzes kann die natürliche oder beabsichtigte Folge der Handlung des Hauptsatzes sein und unz darum consecutiven oder finalen Nebensinn erhalten, vgl. Erec 9618 daz (horn) ist dâ nû gehangen, Unz michs mac belangen, Ungeblâsen manegen tac; Erec 1119 dô bat in diu künegîn Daz ez gefristet müese sîn Unz sî im gesagte maere, und 6565 daz erz mit slegen raeche Unz er sî gar erslüege. cf. Er. 6155 blosses daz.

Unz ist von Hartman sehr häufig gebraucht. Im Erec erscheint unz an 54 Stellen, im Gregor an 24, im a. Heinr. an 7, im Iwein an 56 und in den Bchl. und Ld. an 6 Stellen. Darunter zeigen unz daz im Erec 23, im Greg. 7, im a. H. 3, im Iw. 14, in den Bchl. und Ld. 1 Beispiel. Der Gebrauch von unz hat demnach etwas zugenommen (Erec : Gregor : Iwein wie 5,4 : 6,3 : 7), der von unz daz aber dabei abgenommen ($^2/_5$: $^1/_3$: $^1/_4$).

Unz, Iw. 1280 auch unz daz, wird zweitens auch verwant zur Verbindung von Sätzen, die gleichzeitige bis zu einem gemeinschaftlichen Endpunkt nebeneinander fortlaufende Vorgänge enthalten, in der Bedeutung von 'so lange als, während'; im Erec an drei, im Iw. an sieben, im Greg. an zwei und im Bchl. I an vier Stellen.

Von temporalen Zusätzen ist innerhalb des Nebensatzes Erec 8526 und Bchl. I, 77 nû zu erwähnen zur Hervorhebung der bis in die Gegenwart reichenden Wirkung: dirre tage Iwein 6856 mit Hinweis auf die nächste Zukunft, zeinen stunden Iw. 3362 auf die Vergangenheit sich beziehend.

Zusammengesetzten Nebensatz finden wir Erec 948. 2590. 9640. Greg. 193. 1198. Iw. 3057. 3502. 3696. 7232. 7347. Die Teile sind durch 'und' verbunden und meist enthält der zweite Teil nur Zusätze oder genauere Ausführungen des im ersten Ausgesagten oder doch wenigstens Gleichzeitiges, auch Erec 7234. — Der zweite Teil ist unvollständig Erec 9640

unz inz Erec anderstunt Mit dem horne tete kunt Und dô
ze dem dritten mâle.
Erec 9255 ff. Sus berte er daz îsengewant Unz im daz
swert vor der hant Von den slegen vaste erglüete Und daz
im sîn güete Umb die ecke vaste entweich ist die Fortsetzung
mit 'und daz' in v. 9258 nicht für temporal (wie nach dô und
alsô), sondern für consecutivisch mit Beziehung auf sus zu
halten, vgl. v. 6155.
Doppelter Nebensatz mit unz daz begegnet Erec 5026 ff.
Gâwein, der tugenthafte man Mit listen . . sûmen began . .
Unz daz er im die stunde Mit kurzewîle abe genam Unz
daz der künec wol für kam, und v. 5506 ff. Daz huop sî
dannoch kleine Unz daz der eine Von unwirde versûmde sich
Unz daz im ein sperstich Engegen in sîn houbet kam, wo
beide Male der erste der Nebensätze seinerseits wieder den
Hauptsatz zu dem zweiten bildet.

Neben einem Satze mit unz daz findet sich zur genaueren
Bestimmung desselben Zeitpunktes noch unz an mit einem
temporalen Substantiv verwant Erec 2192 enphâhens zeran
in nie Unz daz diu hôchzît zergie Unz an den vierzehenden tac.

Zeitfolge. — Unz, unz daz wird bei Hartman in beiden
Bedeutuugen mit Temporibus der Gegenwart und der Vergangenheit verbunden, mit dem Unterschiede nur, dass bei
der einen häufiger Tempora der Vergangenheit und bei der
andern häufiger der Gegenwart auftreten. Meist steht der
Indicativ, der Conjunktiv nur, wenn ihn der Zusammenhang
verlangt.

Wenn mit dem Eintritt der Handlung des Nebensatzes
der Abschluss derjenigen des Hauptsatzes gleichzeitig ist, so
finden wir in beiden Sätzen gleiche Tempora. Für die Vergangenheit das praet., vgl. Erec 148. 170. 250. 470. u. ö.
Greg. 148. 157. 181. u. ö. a. H. 366. 469. 514. Iwein 102.
279. 303. 781. 969. u. ö. — Wenn anstatt des Eintritts der
Ausgang eines Ereignisses das Ziel der Handlung des Hauptsatzes ist, dann erhält das praet. des Nebensatzes plusquamperfektischen Sinn: Erec 605. 1118. 2193. 2945. 5029. Greg.
193. Iw. 3050. 3503. 4397 wander allez bi ime saz Unz daz
er entwâfent wart. Zusammengesetztes plpf. findet sich nicht,

denn 'geheilet was' Erec 7233 bezeichnet eine Dauer. Iwein 3155 tritt es einmal im Hauptsatze auf für die Vorvergangenheit.

Für die Gegenwart wird das praes. gebraucht Erec 3256. 6887 (Hauptsatz impv.). 7995. Greg. 2342. Iw. 4238. 6417. 7854. Bchl. I, 380. 1217. 1578. II, 600 (Hauptsatz conj. praes.). Iw. 7854 hat das praes. des Nebensatzes futurischen Sinn, v. 4238 ist 'er stirbe' gleichwertig einem perf. bezw. fut. II. — Im Falle der Nebensatz eine abgeschlossene Handlung enthält, sehen wir praes. und perf. verwant Erec 4565 und dâ sô lange bîtent Unz daz ir geruowet sît. Iw. 926 ich sol varn Suochen unz ich vunden hân. 941 desn wirt nû niemen zuo gedâht Unz ichz habe volbrâht — perf. perf. Bchl. I, 76 ofte hâst dû mir gelogen Unz daz nû dîn übeler rât Vil ungenislîchen hât Verleitet mich.

Im Hauptsatz perf. und im Nebensatz praet. erscheint Iw. 7611 ich hân gestriten wider in ... Unz er mich frâgen began. Das Umgekehrte findet statt Erec 8524 wan daz ichn suochende reit In grôzer ungewisheit Unz daz ich in nû funden hân.

Den Conjunktiv finden wir in abhängiger Rede in beiden Sätzen Erec 1117. 6565. Iw. 955 conj. praet.; Greg. 1377. a. H. 759 conj. praes. — Ferner in Nebensätzen mit finalem Sinn Erec 5319 diu ob im solden brinnen Unz man in begrüebe. — Erec 6327 (Oringles) erbeiten niene kunde Unz ir man wurde begraben, der conj. nach dem negirten 'erbeiten' wird dadurch veranlasst, dass das im Satze mit unz Ausgesagte als Grenze, als Ziel gar nicht zur Geltung komt.

Bei dem unz mit der Bedeutung von 'so lange als' erscheint nur Erec 601 unz mirs got gunnen wolde Sô het ich ie einen site, und Bchl. I, 99 unz ich sî mînen muot versweic, Gein ir gruoze ich dicke neic, der ind. praet., sonst begegnen nur Tempora der Gegenwart; in beiden Sätzen praes. Erec 3177. 6207. Iwein 1299. 5945 (niht gevunden hân ist nicht als perf. zu fassen). 7136. 7556. 7877 (Hauptsatz conj. potent.). 8128. Bchl. I, 735. 1067. 1325. — Iwein 1278 ff. ez sehent wol alle die hinne sint: Ezn waer dan cleine als ein mûs Unz daz beslozzen waer dïtz hûs, Sone möht niht lebendes drûz komen, ist im Hauptsatz wie im Nebensatz der conj.

praet. gebraucht, der des Nebensatzes scheint mir jedoch nur eine Folge der Attraktion der conjj. in v. 1279 und 1281 zu sein.

Stellung der Sätze. Bei unz in der Bedeutung von bis' geht der Hauptsatz stets voran: Erec 7233. 9617 ist der Nebensatz in den Hauptsatz eingeschoben.

Wenn unz die gleichzeitige Fortdauer zweier Handlungen bezeichnet, kann der Nebensatz vorangehen, wie dies Erec 601. Iwein 1280. 1299. 5945. 7136. Bchl. I, 99 geschieht, oder auch nachfolgen, wie an den übrigen zehn Stellen. Eingeschoben ist er Iw. 8128. Greg. 2554. Bchl. I, 735.

Der Hauptsatz wird, wenn der Nebensatz vorangeht, durch das adverbiale sô eingeleitet, dessen Verwendung wol zum Teil dem hypothetischen Sinne des Vordersatzes in Beispielen mit Temporibus der Gegenwart zuzurechnen ist, indem der im Hauptsatze geschilderte Vorgang nur bei gleichzeitiger Fortdauer desjenigen des Nebensatzes seinen ungehemten Fortgang nemen kann. Andrerseits findet dieser Gebrauch auch seine Begründung in der ursprünglichen vergleichenden Bedeutung des sô, da unz gleichwertig einem sô lange ist, vgl. Erec 601 (in Verbindung mit ie).

Bchl. I, 99 fehlt das einleitende sô.

Da der Satz mit unz (= bis) das Ziel, die Grenze angibt, bis zu der sich eine Handlung oder ein Zustand erstreckt, so finden wir im Hauptsatz in der Regel Zeitwörter, die längere Zeit in Anspruch nemende Tätigkeiten bezeichnen oder deren Begriff eines bestimten Abschlusses entbehrt. Solche Verben sind: tweln Erec 2944. 7233. Iw. 992. 3345. 3695. 5621. Bchl. I, 1578. sûmen Erec 5027. versûmen Erec 5508. Greg. 221. bîten Iwein 956. Erec 4565. erbeiten Erec 6327. 9912. erwinden (neg.) Erec 7995. begeben (neg.) Greg. 181. 1642. belîben Erec 927. Greg. 1377. Iwein 3537. wern arm. Heinr. 758. Iwein 2466. 7590. vristen Erec 1117. gern Erec 148. 3642. suochen Er. 6689. 8524. Iwein 926. 6743. ersuochen 6283. des gedingen leben (= hoffen) Greg. 2342. ze ruowe sitzen Iw. 7249. diu ruowe wart vil unlanc Iw. 7251. Ferner die Verben der Bewegung rîten Er. 250. 2476. 3106. 8524. Iw. 4359. daz ers truoc in von dan 5039. 5777. 5966.

6164. îlen Erec 5379. volgen Iwein 279. erstrîchen Iwein 969. gâhen Iwein 1073. jagen Iwein 7733. spürn Erec 5586. gên Iwein 6417. varn Erec 6480. Iwein 3884. suochende gên Erec 6689. suochende rîten Erec 8524. suochen varn Iw. 926. Häufig sind ausserdem im Hauptsatze temporale Ausdrücke, welche die Länge bezw. die Kürze der Zeitdauer hervorheben, sô lange Er. 148. 2589. 2944. 4565. 9913 (wo noch durch sît auf den Anfangspunkt der Thätigkeit hingewiesen wird, (vgl. Erec 7571 von der zît unz an den tac). also lange a. H. 759. Iw. 3479. eine wîle Erec 946. Iw. 279. niht langer Er. 3256. langer Iw. 3537. unlanc Iw. 303. 992. 7251. niht lange Iw. 2082. der strît was lanc Iw. 2984. wie lange Bchl. I, 1218. sô lange stunde Er. 6326. lange zît Iw. 7591. ie Greg. 3580. des vil langen tages nie Er. 172. allez Iw. 4396. manegen tac Er. 9619. unmanegen tac Iw. 3530. unmanic tac ende nam Greg. 652. allen einen tac Iw. 5777. vierde halbez jâr Er. 7472. vierzehn naht Er. 7236. Iw. 5621.

Durch Negirung des Hauptsatzes wird der Ausdruck eines länger andauernden Zustandes erreicht Er. 172. 2192. 2209. 2953. 6327. 6425. 7995. 8321. Greg. 181. 1642. 3019. 3478. 3577. Iw. 941. 4238. 8021. a. H. 469. 514.

Bisweilen enthält der Hauptsatz eine bis zu dem durch unz bestimten Zeitpunkt sich öfters wiederholende Handlung, was gern durch Hinzufügung von entsprechenden Zusätzen ins Licht gesetzt wird, vgl. ofte Bchl. I, 76. aller oftest Iw. 3049. sô vil Er. 6577. 9162. ze vil Iw. 3155. niht vil Greg. 2366. vil und gnuoc Er. 846. genuoc Iw. 5575. manegen eit sî swuor Greg. 1053. Vgl. auch nû holz nû heide Er. 3107. — Er. 5032 swie ofte ern wider rîten bat, Sô sprach er 'iezuo an der stat' Unz er etc. bildet eine die Wiederholung ausdrückende Periode den Hauptsatz zu dem Satz mit unz, der hier wie auch Erec 930. Greg. 3577. Iw. 3047. 3155 in ungezwungenerem Verhältnisse zu ihm steht.

Zusammengesetzter Hauptsatz findet sich Er. 8618. 9912. Greg. 3577. Iw. 3055. 6747. 6761. Häufig ist der Satz mit unz nur dem letzten Teile eines zusammengesetzten Satzes untergeordnet, vgl. Erec 4562. 5378 u. a. m. — Auch bei unz gleich 'so lange als' kommt einmal zweiteiliger Hauptsatz vor Bchl. I, 100, im zweiten Teile steht innerhalb ein dô, auf den Nebensatz bezüglich.

Die Beziehung anderer Ereignisse auf die Zeit des Satzes mit unz geschieht durch dô Er. 5589. Iw. 974. 992. 5777. 7730. 8021; durch sô Er. 3258.

§ 9. Sätze mit die wîle und al die wîle.

Die adverbialen accusativischen Ausdrücke die wîle und al die wîle werden als temporale Conjunktionen verwant in der Bedeutung von 'während, indem, so lange als'. Sie haben also ziemlich denselben Sinn wie unz (vgl. die Zusammenstellung die wîle unz Müller-Benecke mhd. Wrtb. III, p. 191. zl. 36 und Eneide 31, 19).

Die wîle gehört als demonstrativer Ausdruck ursprünglich dem Hauptsatze an und erhält dann auch relative Bedeutung, indem der demonstrative Bestandteil des Ausdrucks relativisch wurde. Die wîle allein begegnet als Conjunktion Er. 2463. 3432. Greg. 3514. Iw. 3516. 6302. 6368. 6611. Bchl. II, 436. 457. Bisweilen wird die Unterordnung des bei die wîle stehenden Satzes durch daz bewerkstelligt Er. 3747. a. H. 621. Iw. 1025. 6291, oder durch unde, aber nur im Erec in v. 4556. 5115. 6040. 8147. Dazu komt Bchl. I, 1381 mit alle wîle unde, der bestimmte Artikel fehlt hier bei wîle. Iw. 1205 den mac niemen al die vrist Und er in blôzer hant ist, Gesehen noch gevinden, findet sich 'al die vrist und' für 'al die wîle und'.

Um hervorzuheben, dass die Handlung des Hauptsatzes die ganze Zeit des im Nebensatz geschilderten Vorganges beansprucht, steht Bchl. I, 435 'immer' im Hauptsatz, v. 1381 alle wîle. Er. 4556. 6040 al die wîle. Iw. 1205 al die vrist. Iw. 6366 im Hauptsatze elliu jâr.

Die wîle begegnet bei Ereignissen der Gegenwart wie der Vergangenheit. Der ind. praes. steht in beiden Sätzen Er. 3431. 4554. 6039. 8147. a. H. 621. Iw. 6366. 6611 und 1205. Bchl. I, 435. 1381, und der conj. praes. in abhängiger Rede Bchl. I, 456.

Der ind. praet. zeigt sich Er. 2463. 5112. Greg. 3514.
Iw. 1023. 3515. 6290. 6299, und der conj. praet. Er. 3748
wegen der Abhängigkeit von 'bat'.

Der Hauptsatz geht, wie dies bei dem Entwicklungsgang der Conjunktion natürlich ist, in der Regel voran: Er. 3431. 3747. 4554. 5112. 6039. Iw. 1023. 3515. 6290. 6299. 6366. Bchl. I, 456. 1381.

Er folgt nach: Er. 2463. 8147. Greg. 3514. a. H. 621. Iw. 6611, und wird dann durch sô eingeleitet, nur Er. 2463 fehlt dieser Beziehungsausdruck.

Der Nebensatz ist in den Hauptsatz eingeschoben Bchl. I, 435 und Iw. 1205.

Ausser nach die wîle begegneten wir dem unde in relativischer Funktion noch nach als schiere Er. 4542 als schiere und er diu maere Vernam, und nach ie mitten Er. 6143 von wunder er dar kam .. Ie mitten unde sî daz swert Gegen ir brüsten wert Sich zertoeten bâte gesat. Hier ist es gleichwertig dem als, vgl. Erec 6978 ich schîne ie mitten ûf der vart Als ez mir gesaget wart, dort einem sô, vgl. also schiere sô p. 25. Für vergleichendes sô oder also steht es nach also dicke Er. 5542 also dicke unde er sluoc (Beispiele für das Auftreten von unde nach allerlei Demonstrativen s. auf p. 29).

Selbständig erscheint unde als temporale Conjunktion Erec 7028 Und sî wurden wol gewar Daz im niht toetlîches war, Des wâren sî gemeine vrô, wo es in der Bedeutung dem dô und also am nächsten komt, der Hauptsatz zeigt auch, wie öfters bei dô und also, ein 'des' (s. p. 19 und p. 37). — Er. 8509 Und die den lîp habent verlorn, Sô durft irs niht versuochen ist es etwa im Sinne von sô oder von sît oder nû verwant. — a. H. 1088 (und wirt dîn schame harte grôz) die dû von schulden danne hâst Unde nacket vor mir stâst, ist unde nicht relativische Conjunktion, vgl. die Anmerkung Haupts zu Er. 7028. Bech, welcher das 'und' in v. 7028 und 8509 in nû umändert, übersetzt dagegen das 'und' Erec 3315 da er verre von den andern lac Und er der schiltwahte phlac, wie eine temporale Conjunktion mit 'während'. — Er. 7028 steht in beiden Sätzen das praet. und im Hauptsatz ein auf den Inhalt des Nebensatzes bezügliches des; v. 8509 im Nebensatz das perf., in dem durch sô eingeleiteten Hauptsatze das praes.

§ 10. Temporale Sätze mit daz.

Bei der Besprechung der temporalen Adverbialsätze sind auch diejenigen Fälle nicht zu übergehen, wo an Stelle einer Conjunktion ein temporales Substantiv entweder selbständig oder von einer Präposition abhängig in Verbindung mit einem folgenden dazsatz sich findet. Bei dem Substantiv steht in der Regel der bestimte Artikel.

Dieses daz vertritt eine relative Partikel. Dô ist dafür anzutreffen Er. 5954 und Greg. 2456, diu stunde dâ Greg. 2391. daz zil dâ Er. 5671. diu ungnaedigiu stunde An der sich êrste begunde etc. Bchl. II, 717.

Die sämtlichen Beispiele bilden drei Gruppen. Es kommen vor:

1. Temporale Substantiva ohne praep., und zwar im nom.: der tac daz Er. 2118. 3570. 4648. diu zît daz Greg. 387. diu vrist daz Iw. 3725. Vgl. Ld. Nr. 3,23 nach Bech: diu swaeren tage sint alze lanc Deich sî genâden bite, Haupt p. 6,1 hat 'die ich'.

Im acc. (des Objekts oder der Zeit) Er. 490 den tac und 552. manegen tac 9620. den tac Bchl. I, 1382. Hierher zu ziehen sind auch die Beispiele mit die wîle und al die wîle daz Er. 3747. a. H. 621. Iw. 1025. 6291. Vgl. auch die beiden negativen Fälle Greg. 980 ouch lie der herre unmanegen tac, Erne wolde selbe spehen Wie daz kint waere besehen, und Greg. 2200 er lie nie deheinen tac Ern gienge ie wieder morgen In die kemenâten.

In Sätzen, die eine Verwünschung enthalten, finden sich sodann ebenfalls häufig temporale Substantiva mit folgendem dazsatz. Diese Beispiele würden den oben angeführten ohne Weiteres anzureihen sein, wenn nicht einige, wie Erec 2997. 4094. 6088 noch selbständige Zeitbestimmungen (ie hînaht und ie) enthielten, welche 'daz' in diesen Fällen als begründend mehr zu der Interjektion als zu dem temporalen Substantiv gehörig erscheinen lassen.

2. Temporale Substantiva mit der praep. sît und folgendem Satze mit daz. — Vgl. sît der stunde daz Greg. 1397. sît den stunden Greg. 1597. sît der stunt Ld. 4, 27. Die Beispiele haben die Geltung eines Satzes mit der Conjunktion sît und zeigen im Einzelnen auch dieselben Eigentümlichkeiten. — Iw. 2824 sît der zît Daz ich êrste hûs gewan Soue wart ich nie zwâre Des über, steht der temporale Ausdruck sît der zît mit daz ganz wie die Conjunktion sît an der Spitze des Nebensatzes, während der Hauptsatz mit einleitendem sô folgt.

Greg. 3407 ich bin gesezzen hie zewâre In dem siebenzehenden jâre Daz ich nie menschen mê gesach. Greg. 2791 ez ist hiute der dritte tac Daz ich der werlde verpflac. arm. H. 981 ez ist hiute der dritte tac Daz sî uns allez ane lac. Er. 8495 wol ein halp jâr oder mê Ist des daz im niemen kam, bezeichnen einen Zeitraum, dessen Anfang durch einen Satz mit daz im Sinne eines mit sît oder sît daz bestimt wird. — Er. 8496 findet sich innerhalb des Hauptsatzes ein auf die Tatsache des Nebensatzes hinweisendes des. In allen vier Fällen zeigt das praes. der Hauptsatz und der Nebensatz das praet.

3. Temporale Substantiva mit den praepp. an, ûf, unz ûf, unz an und folgendem dazsatze mit der Geltung eines conjunktionalen unz oder unz daz. Vgl. Erec 8845 an die stunt daz. — Er. 5671 ûf daz zil daz, und v. 3974 Bchl. I, 1476. ûf die stunde Greg. 234. 1813. ûf die vrist a. H. 579. — unz ûf daz zil Er. 5417. 6535. unz ûf den tac Iw. 5467. alsô lange unz ûf die stat Er. 1421. unz ûf die stunt Bchl. I, 1629. — von der zît unz an den tac Er. 7571. unz an die zît Er. 9557. Iw. 4680. unze an die stunde Greg. 2779. Iw. 4453. nie unz an die tage Ld. 11,16. unz an die wîle (die wîle bezeichnet hier einen Zeitpunkt, nicht die Dauer) Iw. 1698. Im Uebrigen vgl. die Sätze mit unz p. 59 ff.

'Daz' sahen wir bei Hartman in temporaler Verwendung nach unz, sît und ê, wobei der nebenhergehende präpositionale Gebrauch dieser Partikeln von Einfluss war. — Ferner nach die wîle und den anderen eben erwähnten substantivischen Temporalausdrücken, sodann bei nû und einmal nach ê. Auch als Fortsetzung eines dô bezw. alsô und nach swie schiere. In diesen Fällen vertritt daz' eine relative Partikel; nû ist, wenn daz dabei steht, wie auch jenes ê (Bech Ld. Nr. 4,28) Adverb, vgl. Lachmanns Anmerkung zu Iw. 2528.

Erec 1879 ff. Alsô dâ ein sunder kint Sich nâch sîner muoter sent, Diu ez guotes hât gewent, Sô sî im ir gruoz bediutet Und im die hende biutet, Under diu im leit geschiht, Minre gerten sî des niht, liest Haupt mit Lachmann anstatt des handschriftlichen 'von dem dâ' (Bech von diu daz) 'under diu', was nach der Wortfolge des betreffenden Satzes in v. 1884 hier relativisch sein würde. Dem 'under diu' ist nicht beizustimmen, weil es bei Hartman nirgend, auch nicht als Adverb vorkomt. Für die Verwendung des einfachen under diu als temporale Conjunktion ist auch aus anderen Literaturdenkmälern bisher noch kein Beleg erbracht, sondern nur für under diu mit folgendem relativem dô, vgl. unter den bei Lexer mhd. Wrtb. II, 1777 citirten Stellen Kschr. 200,17. 321,31. 529,3. Ferner noch Trist. 67,20 und 434,1.

Inhaltsangabe.

		Seite:
Einleitung		1— 2.
§ 1.	Sätze mit dô	3—20.
§ 2.	Sätze mit nû	21—23.
§ 3.	Sätze mit sô	23—30.
§ 4.	Sätze mit alsô	30—38.
§ 5.	Sätze mit swenne	38—44.
§ 6.	Sätze mit sît	44—51.
§ 7.	Sätze mit ê	51—58.
§ 8.	Sätze mit unz	58—65.
§ 9.	Sätze mit die wîle	65—67.
§ 10.	Sätze mit daz	67—69.